从技术骨干
到管理精英

IT项目经理实操笔记

胡 亮◎著

中国铁道出版社有限公司
CHINA RAILWAY PUBLISHING HOUSE CO., LTD.

图书在版编目（CIP）数据

从技术骨干到管理精英：IT 项目经理实操笔记 / 胡亮著. -- 北京：中国铁道出版社有限公司，2025.8.
ISBN 978-7-113-32063-8

Ⅰ. F49

中国国家版本馆 CIP 数据核字第 2025E3T686 号

书　　名：从技术骨干到管理精英：IT 项目经理实操笔记
CONG JISHU GUGAN DAO GUANLI JINGYING: IT XIANGMU JINGLI SHICAO BIJI

作　　者：胡　亮

责任编辑：王　宏	编辑部电话：(010) 51873038	电子邮箱：17037112@qq.com
封面设计：宿　萌		
责任校对：刘　畅		
责任印制：赵星辰		

出版发行：中国铁道出版社有限公司（100054，北京市西城区右安门西街 8 号）
网　　址：https://www.tdpress.com
印　　刷：河北京平诚乾印刷有限公司
版　　次：2025 年 8 月第 1 版　2025 年 8 月第 1 次印刷
开　　本：880 mm×1 230 mm　1/32　印张：6.75　字数：167 千
书　　号：ISBN 978-7-113-32063-8
定　　价：69.80 元

版权所有　侵权必究

凡购买铁道版图书，如有印制质量问题，请与本社读者服务部联系调换。电话：(010) 51873174
打击盗版举报电话：(010) 63549661

序　言

  我一直认为，撰写一本书肩负着非常重要的使命。因为书籍不仅是作者表达思想和分享经验的途径，更是传递知识和信息的载体。这本书是我的一次全新尝试，我希望通过它与读者分享我在IT（信息技术）项目管理方面的经验和知识，助力读者成为更优秀的IT项目经理。

  市面上的书籍大多停留在基本理论层面，很少有人深入探究实际应用。作为一名IT项目经理兼顾问，在过去的十多年里，我一直致力于协助公司成功管理和实施IT项目。我的所见所闻，无论是成功案例还是失败教训，都让我更加深刻地认识到IT项目管理的重要性和挑战性。因此，我决定编写一本具有实践价值的IT项目管理指南，通过分享自己的经验和案例，帮助读者理解IT项目管理的本质和实践方法。

  在内容呈现上，本书的价值主要体现在以下方面：首先，书中借助案例分析，将理论与实践相结合，使读者能够深入了解IT项目管理的具体应用与所面临的挑战；其次，在讲解IT项目管理的核心概念和方法时，充分考量了IT项目的特殊性和复杂性，让读者能够更妥善地应对项目管理中的各种问题和挑战；此外，本书着重强调了项目管理中的人文因素，探讨了如何高效地领导和管理项目团队，并在跨部门协作、相关方管理等方面提供了具体的建议和技巧；最后，书中还介绍了敏捷开发和项目管理中的数字化转型等前沿话题，目的是帮助读者掌握最新的项目管理理念和工具，成为行业中的佼佼者。

在十多年的项目管理工作中，我深刻地感受到，项目管理不仅仅是管理项目进度、成本和质量，更是管理人与人之间的关系。因此，书中强调了团队管理和沟通管理的重要性，并提供了相关的技巧和方法。我相信，这些知识和技能将有助于读者成为更好的领导者和沟通者。

本书的目标读者是项目行业的从业人员，尤其是正在担任IT项目管理角色的人员。他们可能是初学者，也可能是有一定经验的IT项目经理，或者是从技术骨干向项目管理岗位转型的人员。无论属于哪种情况，本书都提供了可操作的技术指南和实用工具，旨在帮助读者更好地理解IT项目管理的重要性并掌握相关实践技巧，从而更出色地管理IT项目。

在撰写本书时，我深感责任重大。因此，我通过深入研究和实践，力求准确、详尽且生动有趣地传达IT项目管理的核心理念和应用方法，力求书中所述内容能对读者的学习和实践有所帮助。

最后，我希望这本书能为读者带来价值和启发，让大家在实践中成长和进步。项目管理，特别是IT项目管理是一个不断发展和变化的领域，我也期待着与读者一同分享经验和知识，推动IT项目管理不断向前发展。

胡 亮
2025年5月

目　录

第1章　IT项目管理有何不同 1

　1.1　IT项目的需求来源广泛 2

　1.2　IT领域的发展现状及问题 3

第2章　项目整合管理：全局视角 6

　2.1　整合管理的底层逻辑：整合思维 7

　2.2　项目经理的"尚方宝剑"：项目章程 11

　2.3　项目开始前的准备工作 16

第3章　项目范围管理：真需求与伪需求 21

　3.1　IT项目的范围就是软件需求吗 22

　3.2　如何做好IT项目的需求调研 25

　3.3　如何做好IT项目的需求分析 32

3.4 帮助超越自身工作能力的利器：WBS 39

3.5 项目真需求的判断与评估方法 45

第4章 项目进度管理："人月神话" 52

4.1 成为项目的"规划师" 53

4.2 最小因素和最大挑战 56

4.3 造成项目滞后的原因 60

第5章 项目成本管理：别为打翻的牛奶哭泣 65

5.1 如何做好项目成本管理 66

5.2 IT项目成本管理的特殊性 72

5.3 理性应对沉没成本 80

第6章 项目质量管理：铸就精品的基石 83

6.1 软件的质量到底指什么 84

6.2 质量内建"七步法" 90

第7章 伟大的计划需要伟大的团队 97

7.1 别把团队管理成团伙 98

7.2 IT项目团队的特点 101

7.3 如何打造一个高绩效团队 105

7.4 成为让人愿意追随的领导 111

第8章 项目沟通是管理的浓缩 116

8.1 为什么沟通需要管理 117

8.2 有效的沟通才是成功的沟通 120

8.3 如何解决跨部门协作的难题 124

第9章 项目风险管理：识别应对与掌控策略 130

9.1 风险都是负面的吗 131

9.2 IT项目风险的特殊性 135

9.3 IT项目风险管理 143

第10章 项目采购管理：成为合同专家 150

10.1 都是花钱，自制和外购如何选择 151

10.2 优秀的项目经理是"合同专家" 154

第11章 平衡项目相关方的利益 165

11.1 谁是项目相关方 166

11.2 相关方管理中的常见难点 170

11.3 相关方沟通的原则和方法 176

第12章 敏捷转型之路 184

12.1 让业务部门不再随意提需求的方法 185

12.2 避免频繁返工 191

12.3 让团队走出"舒适圈" 197

参考文献 205

第1章

IT 项目管理有何不同

　　IT 项目管理是项目管理在 IT 领域的应用，它结合 IT 行业的特性，运用项目管理知识、技术、工具、理念和方法。IT 项目以信息技术为支撑，以业务活动为主体，以现代化管理为指导思想，是一项全新且复杂的系统化工程。其全新之处在于 IT 这一新生事物的飞速发展与变化；其复杂之处在于信息技术、业务和项目管理思想的一体化融合与集成化应用。

　　正是因为信息技术发展快、渗透强、变化多、不确定性高等特点，IT 项目与一般传统项目或工程项目存在显著差异。这种差异导致基于传统或工程项目管理理论与经验发展起来的项目管理知识体系，在处理 IT 项目时面临诸多难题，这也是 IT 项目管理与传统或工程项目管理的最大区别。

1.1 IT 项目的需求来源广泛

在建筑领域，项目管理只需要关注和研究建筑领域的相关知识和需求，汽车制造领域亦是如此。但在 IT 行业，其业务几乎涉及国民经济和社会的各个行业，多数领域都能和信息技术相结合而构成信息化项目。

1.1.1 业务驱动的需求

市场需求通常反映了客户或终端用户对产品和服务需求的变化。在 IT 行业中，这种需求可能受新商业模式的出现、竞争对手的行为或是消费者偏好的改变所驱动。例如，随着移动互联网的普及，企业可能需要开发移动应用程序以便更好地服务客户。此外，大数据和人工智能技术的进步也为企业提供了分析用户行为的新途径，从而能更精准地满足市场需求。所以，IT 项目往往需要紧跟市场动态，快速响应并适应不断变化的客户需求。

1.1.2 技术驱动的需求

技术发展是推动 IT 项目需求的重要驱动力之一。新技术的出现不仅为解决现有问题提供了新方法，还可能创造全新的应用场景。例如，云计算技术使企业能更灵活高效地处理数据和运行应用程序，而无需大量投资于本地硬件设施。以大语言模型为代表的生成式人工智能，在处理重复性工作方面效率极高，特别是在商务和客服等领域。随着技术的不断进步，IT 项目也需要不断探索和应用最新技术，以保持竞争力并满足日益增长的技术期望。

由于 IT 项目几乎涉及所有的经济领域，所以很难形成有针对性的规范和标准，这无疑增加了项目管理的难度。

1.2　IT 领域的发展现状及问题

与一般工程项目所涉及的领域经过长期发展、技术相对成熟不同，我们都知道如今的科技发展仍处于大爆炸时期，各种技术发展日新月异，CPU（中央处理器）的速度几乎每隔18个月就翻一番，与之相关的计算机体系结构、软件架构等也发展得非常迅速。例如个人计算机上的通信标准几乎每年都会变得更快，标准不断更新。C、C++、Java、Python、Go等开发语言更是快速更迭，各类操作系统、协议、标准等随时更新，这些都是IT项目必须面对的情况，因为这些都会增加项目过程中的风险。

为了妥善处理技术快速发展带来的问题，IT项目团队必须在先进性、实用性、经济性、成熟性等方面进行权衡，片面追求技术的先进性往往会适得其反。在确保项目采用的技术具有相当的前瞻性、先进性、可扩展性和可集成性的同时，要从需求出发，注重技术的可靠性、成熟性和经济性。

1.2.1　传统项目管理的理论不适用

在软件开发过程中，软件开发的特殊性决定了传统或工程项目管理方法并不能解决IT项目的特殊问题。举一个简单的例子，如果碰到进度缓慢、有延期风险的项目，建筑工程项目可以通过增加资源的方式加快进度，但对于软件开发项目而言，如果出现同样的问题，寄希望于增加编程人员的数量来追赶工期，只能造成更大的麻烦。小弗雷德里克·布鲁克斯（Frederick P. Brooks. Jr.）在《人月神话》中提出著名的Brooks法则：为落后进度的项目增加人数，只会使进度更加落后。

1.2.2 重构业务和适应组织

我们都知道，IT 的主要应用主体在业务和管理领域，通过重构业务来实现降本增效和高效管理。也就是说，一个组织希望借助信息系统传达其特定的管理理念，将这些管理理念和公司的发展战略与业务逻辑进行整合是信息系统实施的关键目标。

这就意味着会打破原有的游戏规则，也是绝大部分 IT 项目困难重重的原因。如何处理好信息系统涉及的组织及其对应的业务和战略目标，是成功管理 IT 项目的关键。

1.2.3 人才管理的障碍

在 IT 项目管理过程中，很多人往往只会关注技术。实际上，技术知识在 IT 项目管理中只是很小的部分。多数情况下，IT 项目经理都是技术领域出身，技术并非大问题。尽管技术发展很快，但只要懂得原理，并随时留意技术的发展及其带来的风险，技术就不是管理 IT 项目的最大障碍。

人才才是管理 IT 项目的最大障碍，即将人才习惯性地角色化、工具化，把人才当作固定的模块来对待。这些习惯源于我们走上管理岗位之前积累的工作经验，那时我们可能是办事员、技术员或者开发者，也曾被如此对待。所以，在走上管理岗位后，依旧会这样做。

这种习惯可能是问题的一个起点，即将团队成员视为纯粹的功能角色而非完整的个体。如果我们在项目中能更多地认识到每个人的价值和人性，而不仅仅将其看作"人才"这个标签，我们就能更好地尊重和支持彼此。这样不但能提高项目的成功率，还能营造出一个更加积极和谐的工作环境。

就像汤姆·狄马可和蒂姆·李斯特在 1987 年出版的、对软件工程作出重大贡献的《人件》一书中所说的那样：

"我们行业的主要问题实质上更侧重社会学，而不是科学技术。"

"在IT项目管理中，管理人员的职责不是要人们工作，而是创造工作的可能。"

另外，容易犯错是人类与生俱来的弱点，这也是人性的体现之一。不论科技多么发达，解决问题的手段多么高明，只要是由人主导一切，事故就有可能发生。科技越发达，解决问题的手段越高明，面临的麻烦可能就越严重。

所以，我们在事前就应该尽可能地想得周到、全面，采取多种应对风险的措施，防止偶然的人为失误导致的灾难和损失。因此，项目管理可以说是预防墨菲定律应验的最好做法。

第 2 章

项目整合管理：全局视角

对于大多数IT项目经理来说，很容易对项目整合管理产生困惑，整合管理到底要做什么？事实上，整合管理是一种全局管理的模式，唯有从全局的角度出发，才有机会发现项目中的挑战与机遇。

2.1　整合管理的底层逻辑：整合思维

在继续回答为什么要有整合管理这个问题之前，先了解一下什么是整合思维。

整合思维（integrative thinking）是由商业思想家、多伦多大学罗特曼管理学院前院长罗杰·马丁教授提出的一种创新型思维。他认为，领导者制胜的关键在于整合思维，即能够在头脑中同时处理两种相互对立的观点，并从中得出汇集两方优势的解决方案的能力。

整合思维是指以建设性的方式处理彼此对立的观点，不以牺牲一方来选择另一方为代价，而是以创新形式消除两种观点中的对抗之处，形成既包含对立观点的某些因素，又优于两种对立观点的新观点。绝不退而求其次，不做简单的二选一，而是创造性地进行思考，推陈出新，提出更好的方案，这是整合思维者的独特之处。

2.1.1　整合思维对项目管理的作用

下面举几个例子来说明整合思维带来的商业成功。小米手机能够整合手机价格和性能方面的需求，生产出性价比高的手机，这一举措颠覆了手机市场，让山寨手机直接消失。SUV车型能够整合越野驾驶和城市驾驶的双重需求，其市场占有率甚至一度超过轿车车型，长城哈弗就凭借SUV车型迅速发展壮大。新能源车需要解决里程问题，于是有些品牌推出了增程式和换电式新能源车，并获得了市场认可。全季酒店的定位是商务酒店，但营造出了家的感觉，房间内部陈设具有居家氛围，无论是床品、茶具还是床头灯光等都是如此。

所以，整合思维创造出各种可能性、解决方案和新观点，也营造出充满无限可能的氛围，而传统思维却将可能性隐藏起来，把创造性方案逼进"死胡同"。整合思维文思泉涌、意气风发；传统思维自圆其说，趋于中庸，勉强妥协，传统思维者更愿意接受现实。整合思维者敞开心扉，迎接世界的每一次挑战。

在项目管理中，除了项目的铁三角——范围、成本、进度，还有一个重要的要素——质量，它们之间存在相互制约的情况。比如范围扩大了，成本就会增加，进度可能放缓；而质量要求提高了，成本必然要增加，项目就要延期。除了这四个方面，任何一个方面的改变都有可能引起沟通、相关方、资源、风险等方面的变化。

如何使这几个方面达到平衡状态，这是项目管理过程中的难点。目前，不管是在国际项目管理师（project management professional，简称PMP）的体系中，还是在国际项目经理资质认证（international project manager professional，简称IPMP）和受控环境下的项目管理（projects in controlled environment 2，简称PRINCE2）中，包括各种书籍和文献中关于整合管理的方法介绍都较为笼统，没有具体的方法。

在我看来，就是要面对各种矛盾去解决问题、进行取舍。比如项目目标和组织目标的矛盾，此时一般以组织目标为准；比如项目铁三角的矛盾，此时要辩证地看待，主要取决于价值导向，以客户需求为导向，优先满足客户的需求；比如相关方之间的利益冲突，需要项目经理进行沟通、协商，不能一概而论；再比如项目团队专业板块之间的矛盾，要以满足项目进度、质量和成本为出发点。

但是，项目的整合管理是相对比较"虚"的，因为不同的项目有不同的情况、不同的背景、不同的要求，要面对不同的相关方，满足不同的要求，很难说有放之四海而皆准的方法。但核心是项目经理要主动沟通，了解矛盾核心点，掌握相关方的需求，找到最佳或者较好的平衡点，以达到整合的效果。这时候，掌握并运用整合思维就是一种比较好的办法。

2.1.2 需要整合哪些方面

对于大多数人来说，理解整合管理的概念并不难，但对于项目整合的具体内容却感到模糊。项目管理中有很多工具、方法和需求，需要我们重新梳理筛选，形成一个合理的组合。那么，项目整合需要整合哪些方面呢？

1. 人力资源整合

组建一个项目团队，首先要整合的对象是人力资源。需要配备多少员工，需要哪些职能部门和专业岗位支持等，都是项目经理需要考虑的问题。

2. 项目需求整合

一个项目往往有很多员工参与，与项目相关的参与意见也不少，有些意见可能是冲突的，如何进行取舍，如何让众人无异议，最终达成一个大家都能接受的方案，就是项目需求整合。

3. 项目方法或路径整合

同样都能达成项目目标，但做法、路径不同，到底选择哪个作为首选计划，或者哪些作为备选方案，都属于整合的过程。

4. 为实现项目目标，需要优化过程

项目管理有很多过程，比如《项目管理知识体系指南（PMBOK®指南）：第六版》就提供了49个过程，但这并不意味着每个过程都要完整地经历一遍。在资源整合时，我们需要对项目过程做出取舍，聚焦重点，明确做哪个，放弃哪个。

5. 把控进度、成本与质量之间的关系

项目的进度、成本和质量之间是约束关系。如果要压缩工期，就要增加成本或调整质量标准，也就是平衡进度、成本与质量之间的关系，这也是项目经理最重要的能力。除了从项目管理的内容方面可以分成以上四个方面的整合，我们还可以从内部和外部两个层面去看项目整合管理。

（1）内部整合。内部整合涉及如下方面：在相互竞争的项目中，各分目标之间的整合，即范围、质量、成本、进度的要求；具有不同利益的项目各相关方之间的整合，如设计方与承包商之间；项目需要的不同专业工作之间的整合，如产品与开发、开发与测试之间；在项目管理各过程之间的整合，如将项目进度管理与成本管理联合起来考虑；在管理与技术工作之间的整合，如软件开发进度管理与开发人员的实际技能之间的整合。

（2）外部整合。外部整合涉及如下方面：项目目标与组织的战略目标之间的整合，确保项目目标符合组织战略；项目目标与组织的运营目标之间的整合，确保项目成果能够有效融入日常运营。

那么，项目整合管理又该怎么做呢？其实，在《项目管理知识体系指南（PMBOK®指南）：第六版》一书中把整合管理分为如下七个步骤：

①制定项目章程：编写一份正式批准项目并授权项目经理在该活动中使用组织资源的文件的过程。

②制订项目管理计划：定义、准备和协调项目计划的所有组成部分，并把它们整合为一份综合项目管理计划的过程。

③指导与管理项目工作：为实现项目目标而领导和执行项目管理计划中确定的工作，并实施已批准变更的过程。

④管理项目知识：使用现有知识并生成新知识，以实现项目目

标且帮助组织学习的过程。

⑤监控项目工作：跟踪、审查并报告项目整体进展，实现项目管理计划中确定的绩效目标的过程。

⑥实施整体变更控制：审查所有变更请求，批准变更，管理相关可交付成果、过程资产、项目文件和项目管理计划的变更，并对变更处理结果进行沟通的过程。

⑦结束项目或阶段：终结项目、阶段或合同等活动的过程。

根据我的工作经验，按照这七个步骤进行项目管理一般不会有太大的问题。但是，往往很多项目到了最后才出现问题，甚至造成项目失败，是因为其中有一项工作没有做好。这就是七个过程中的第一个步骤，也是最重要的一个步骤——制定项目章程。

2.2 项目经理的"尚方宝剑"：项目章程

在工作和生活中，我们可能比较常听到公司章程。我们都知道，公司章程是规定公司名称、住所、经营范围、经营管理制度等重大事项的基本文件，也是公司必备的，规定公司组织及活动基本规则的书面文件。

项目章程同样是一份书面文件，由项目启动者或发起人发布，正式批准项目成立，并授权项目经理使用组织资源开展项目活动的文件。那么项目章程到底是什么呢？

2.2.1 项目章程的概念

项目章程实际上是对项目的要求，以及项目实施者的责、权、利的规定。所以，项目章程至少应该包含以下七个方面的内容。

1. 项目或项目利益相关方的要求和期望

这解决了做什么的问题。它是确定项目边界、需求、计划与目的的根本依据，也是对项目各种价值的要求和界定。

2. 项目交付物的要求说明和规定

这解决了完成标准的问题。这是根据项目的客观情况和项目的相关利益方要求提出的项目最终成果的要求和规定，代表着质量标准和验收标准。

3. 开展项目的目的或理由

这解决了为什么做的问题。这是对项目要求和项目交付物的进一步说明，是对相关依据和目的的进一步解释，是对为什么做这个项目的明确阐述。

4. 项目经理的委派及其职责和职权

这解决了谁来做的问题。说到这一点，我要强调一下，这是项目章程里对项目经理来说最重要的一点。虽然其他内容也很重要，但是项目经理要明白，这部分内容必须明确，不能有模糊地带。因为这不仅是解决谁来做项目的问题，还是项目经理权力的来源，也是管理一个项目、带领一个项目团队的根本和起点。

5. 项目总体的里程碑和进度的概述要求

这解决了何时做、何时完成的问题。这是对项目中关键里程碑的描述，在制定项目章程阶段，我们还无法给出详细的计划，但是可以确定几个关键节点的日期和关于项目进度的概述。比如，什么时候完成需求调研，进入开发阶段；什么时候完成开发阶段，进入测试阶段；什么时候完成测试阶段，开始试运行阶段等。不需要特别精确，但是必须要有计划，否则很难取得项目相关方的信任。

6. 大致的项目预算和资金来源

这解决了资金来源和怎么花钱的问题。做任何事情都需要付出，做项目也不例外。甲方出资，乙方做事；总经理发薪，员工干活；项目经理发奖金，团队成员加班干。除了明确大致的项目预算，还有一点要明确的是资金的来源，毕竟空喊口号很难让人信服。

7. 项目其他方面的规定和要求

这部分包括整体项目风险、项目实施组织、项目组织环境和外部条件的约束情况和假设情况、项目的投资分析结果说明等。这部分内容通常不需要非常详细，记录的是我们前期识别或分析到的信息。当然，一位优秀或者有经验的项目经理会尽量把这一部分写得详细些。因为项目章程是项目中的基本法则，项目经理希望项目章程对自身有利，以便能更好地开展项目工作。

了解项目章程是什么之后，我们再来看一看它具体有什么作用。

2.2.2 项目章程的作用

项目章程在项目中发挥着极其重要的作用，我们先来看看其中最为重要的五个方面。

1. 正式宣告项目的存在

为项目本身及项目开展的各项工作赋予合法地位。孔子曰："名不正，则言不顺；言不顺，则事不成。"相信大家在日常生活和工作中都体会颇深。举个例子：领导安排你和同事做同样一件事情，同事通知你和领导亲自通知你，效果肯定不一样。你可能直接拒绝前者，或者为维护同事的面子找个理由拒绝；而对于后者，你根本不会拒绝，即便心里不满意，也还是会去做这件事情。你看，这就是名正言顺。项目也是如此，完成一个项目需要各种资源，如果还没立项就开始找人帮忙，没人会愿意的。

2. 正式任命项目经理

承接第一点，确立了项目的存在并赋予项目工作合法地位后，接下来要确定负责人，授权其使用组织资源开展项目活动。我们常说"事在人为""以人为本"等，无不凸显出人才的重要性，古今中外皆是如此。

我们要确定项目负责人，即项目经理，并由组织给予开展项目活动必需的权力。我见过不少项目章程中没有明确负责人的情况，项目工作陷入整体混乱，比如出现各种"部门墙"，跨部门团队成员之间信息不互通，都想着自己要出彩，有声有色地高调汇报工作。遇到困难就推诿，遇到功劳就争抢的情况屡见不鲜，就连开会都不知道谁写会议纪要，却都抢着汇报。确定了负责人并授权相应权力，这样就可以开始调用组织资源了。所以，确定项目经理是项目章程的第二个重要作用。

3. 粗略规定项目的范围及关键里程碑

大家看到"粗略"这个词可能会疑惑，粗略有什么用，应该要有详细的项目范围才行。这种想法没有问题，我们也鼓励项目计划尽可能详细周到，这对项目管理非常有帮助，一份完善、细致、科学、可行的项目管理计划是项目成功的基础。但是，别忘了项目章程是在什么时候制定的，在启动阶段完成的时候，我们仅仅了解项目背景、识别完项目相关方而已，手上可能只有一份合同，最多加上一份商业论证，还没有正式收集需求、定义范围，并没有详细的项目范围。

既然没有详细的项目范围，就不纳入这部分内容了吗？答案显然是否定的，如果不纳入，我们就不知道要做什么、做到什么程度，而这恰恰是开展项目工作最重要的基础之一。更专业的表述是，高层级的需求描述、边界定义及主要可交付成果。这就是粗略的项目范围，也是后续进行项目范围管理的重要依据。

虽然现在是粗略的范围，但我们在后面的项目阶段中还要不断地对项目范围进行管理。项目的一大特点是渐进明细，体现在项目周期的各个环节。同样，我们做的项目规划也是滚动式规划。项目范围的优化也是如此，由易到难，循序渐进，由粗到细，精益求精。

关键里程碑又是什么意思呢？简单来说，就是项目的几个关键时间点。以软件开发项目为例，比如，在哪个时间点完成需求调研；在哪个时间点完成设计；在哪个时间点完成开发；在哪个时间点完成测试；在哪个时间点上线试运行等。这些节点都需要明确，哪怕不能给出具体时间点，也需要明确时间范围，并且越准确越好。如果连这个规划都没有，很难让项目相关方相信公司能准时交付项目。就像买车时，一家4S店说先交定金，什么时候有车什么时候交付给你；而另一家4S店说，交完定金一个月可以进入排产，预计一个月后生产完毕，再一个月可以到店，从交定金到提车，需要三个月的时间。这时你会去哪家4S店买车呢？

4. 明确项目被批准的资金来源

我们知道了项目的总预算，即花费多少钱来做这个项目，这也说明了这个项目的重要性，从侧面反映了各相关方对于项目的重视程度，要花费很多钱的事情，每个人都会慎重对待。所以，资金是项目中不可或缺的资源，也是项目章程必须明确的内容。

如果是外部项目涉及甲乙双方，也会明确根据关键里程碑的付款情况。当然，合同中会有项目款项结算内容，但是合同一般不会在所有项目相关方中公开。我们可以在项目章程中再次明确关于项目款项支付的内容，并且细化，再将其与项目关键里程碑相结合，并且项目章程需要各相关方审核批准通过，这样可以避免很多项目款项支付结算的问题。以我的经验，项目款项的催付是个老大难问题，通过项目章程明确这个可能出现的问题，有利于实现整个项目目标。

5. 正式书面性

这一点非常容易理解，小到日常工作中看到的资料、公司的规章制度，大到国家的法律法规，但凡正式的内容都需要成文，变成正式的书面文件。这样做的好处：一是确保足够正式；二是通过书面成文，确保大家对其理解一致，不会产生歧义；三是白纸黑字，大家确认通过后无法反悔；四是方便信息的复制和传播。因此，项目章程必须书面成文。很多公司负责人或项目发起人不重视项目章程，但是项目经理一定要注意，项目章程必须要有，而且是正式书面的。

除了以上五个方面的重要作用，项目章程还有其他重要作用，比如提出整体项目风险、明确项目的退出标准、确定项目的审批要求等。这些对项目管理工作有非常大的帮助，但是不一定适用于所有项目，比如一些小型项目，或者对于一个组织来说非常熟悉、熟练操作的项目，项目章程就不一定需要这些内容和作用了。

2.3 项目开始前的准备工作

虽然有了项目章程，但是在实际工作尤其是项目推进过程中，经常会因甲方高层支持度不足，致使项目出现很多问题，甚至自己公司内部的高层或者职能部门主管冷眼旁观，让项目经理感觉"腹背受敌"。通过调研和访谈发现，很多项目经理在推进项目的时候都会遇到这个问题。解决这个问题的方式多种多样，不同项目适用不同方法，要从不同角度出发，针对具体的项目实际情况，每位优秀的项目经理都有自己的思考和最佳实践，例如以下四种方法。

（1）凭借超强的沟通协调能力和相关方达成一致。

（2）凭借良好的人际关系和朋友圈，通过和相关方沟通达成一致。

（3）凭借自身权威的专业性使相关方折服。

（4）凭借超凡的个人魅力征服相关方。

我更想分享的是从机制和流程上确保项目经理获得内外部相关方支持的方法。这就是开好项目管理中的启动会和开工会，也是新手项目经理快速说服相关方的重要手段。

2.3.1 项目启动会

一般来说，项目启动会（initiating meeting）的召开时间是在启动阶段结束以后，因为这时候我们已经有了项目章程，也认识了所有相关方，或者至少认识了所有关键相关方。那么，我们如何开好这个会呢？

1. 确定参会人员

根据相关方登记册和相关方管理策略来确定需要邀请哪些人参加会议，项目越大，相关方越多，想要邀请齐全就越难。在这种情况下，要确保关键相关方高层必须参加，重中之重的是直接甲方，以及可能隐藏在背后的真正有决定权的甲方。也就是说，与这个项目相关的甲方高层和部门负责人必须被邀请并确认参加。

除此之外，需要确保自己公司内的项目发起人和相关高层参加，公司负责人直接参与是最理想的。项目发起人必须参加，这毋庸置疑，一般能够在公司内部发起项目的人也具备相应的权力和地位。就IT项目来说，研发总监、财务总监、采购总监等人必须被邀请。

2. 明确开会的目的

一是获取授权和重视。获取授权自不必说，每位项目经理都要明白，虽然在项目章程里已经明确了自己被授予的权力，但是还要注意在项目启动会上再次明确，通过项目章程赋予自己动用内外部、甲乙双方相关资源来完成项目的权力。重视更容易理解，何种级别的领导出席会议代表重视程度，我们要尽可能邀请相关方或者关键相关方的最高级别的领导参加会议。

二是明确项目目标。在会议中明确交付成果需要达到的目标、相关方需要提供的资源和配合等。要引导相关方高层正确认识成果的最核心价值和功能、此项目的范围和边界、项目的开发方法和交付过程,以及相关方需要给予的配合和协助,要在会上让项目相关方自上而下就此达成共识,并且表明推动项目的决心,为项目团队日后开展相关工作扫清障碍,促进后期项目推进工作顺利开展。

三是明确计划里程碑。也就是项目里程碑进度计划,这时候我们项目团队可能还没组建,需求分析工作也没开展,怎么做计划呢?这里是总体的里程碑进度计划,是非常粗略的计划。比如,我们预计多久完成需求调研工作;多久完成需求分析工作;多久完成系统设计工作;多久完成编码工作;多久完成测试工作等,要确定大体的时间节点,因为在合同和项目章程中已经明确了项目的完成时间。

所以,项目启动会的主要目的是确保所有相关方或者关键相关方的高层参会,在会中通过并发布项目章程。根据项目章程,确保被任命的项目经理在组织内部的权力和地位,以及被授权可以调用各相关方的资源以完成项目目标。

2.3.2 项目开工会

在开完项目启动会之后,就会进入项目规划阶段。在这个阶段,主要的工作是输出项目管理计划。当规划阶段结束且有了一个完整可行的项目管理计划时,我们还要再开一个会,即项目开工会(kick-off meeting),也叫"项目开踢会"。为什么叫"项目开踢会"呢?就像主裁判的一声哨响,足球比赛便开始了,球员们开始踢球一样。在项目管理中,开完这个会,项目团队就要开始工作了。

组织一场足球比赛肯定不是随便找个场地、找些人就开始的，事先要有计划、有人组织，比如哪两个球队来踢、谁来当裁判、后勤工作怎么做等，要通过开会来启动和确认相关事项。这么一说，大家对项目启动会和项目开工会就更容易理解了吧。

要确定参会人员，理想的情况是邀请到全部相关方，至少要确保关键相关方参加会议，同时内部相关方和项目团队也一定要参加，因为这时候项目团队已经组建或者至少确认了人员。记住，团队成员也是必不可少的参会人员。在这个会上，我们要达成什么目的呢？

1.通过项目章程唤起各相关方的记忆

感谢各相关方在过程中给予的支持，并再次承诺为实现项目目标持续给予帮助。为什么要做这一步呢？因为对大多数相关方来说，特别是直接甲方，项目工作并不是他们的日常工作。对于大型或复杂项目，规划阶段可能比较长，很多人已经忘记了这个项目和自己曾经的承诺，那么我们再次通过正式会议重复确认，强化大家的记忆。

2.使相关管理计划通过

我们要确保综合性的项目管理计划在会上得到批准，并且在相关方之间达成共识。需要注意的是，通常综合性的项目管理计划内容非常多，因为其中包含了很多子管理计划，比如需求管理计划、范围管理计划、成本管理计划、质量管理计划等。为了保证项目管理计划能够顺利在会上通过，同时不会使会议无限制地延长，我们一般会在会议之前就得到所有相关方或者关键相关方的同意。

3.向参会者介绍项目团队的组织架构和团队成员

明确各成员和团队的职责范围和分工协作关系，获得团队成员的承诺，为接下来项目进入执行阶段进行动员。通过召开项目启动会和项目开工会，我们就能够让项目章程这一"圣旨"变成"尚方宝剑"，不仅是拿来看的，还要用得起来。关键的时候，是要拔出来"斩将杀敌"用的。通过启动会和开工会，获得组织授权动用各方面资源，树立项目经理的威信，通过面对面沟通获得相关方支持，批准项目管理计划，获得团队的承诺，鼓舞团队的士气，建立相关方的信心。这对日后开展项目工作至关重要，也是决定项目成功与否的关键因素。

第 3 章

项目范围管理：真需求与伪需求

在IT项目管理的进程中，明确需求与范围是项目经理真正开展项目管理活动的第一步，也是至关重要的一步。作为优秀的项目经理，我们需要借助实用的需求调研与分析方法剖析真需求与伪需求的区别。通过对产品范围与项目范围的细致界定，以及需求调研四个维度的详细解析，准确地把握客户需求，有效管理项目范围，从而为项目的成功打下坚实的基础。

3.1 IT 项目的范围就是软件需求吗

很多人认为，软件项目的范围就是软件需求。至少在我所经历的项目中，有很多发起人、相关方、团队成员都这么认为，甚至很多项目经理也这么认为。其实这只是软件开发项目，或者说是 IT 类项目的一个特点。大部分人认为，软件项目就是开发一个软件，软件开发完成了，这个项目就完成了。项目范围就是软件功能，软件功能是根据需求实现的，所以软件项目的范围不就是软件需求吗？看上去似乎逻辑清晰，但实际上并非如此。

在明确这个问题之前，我们首先要弄清楚什么是项目范围。先来看看《项目管理知识体系指南（PMBOK® 指南）：第六版》中的定义——在项目环境中，"范围"这一术语有两种含义：产品范围和项目范围。

3.1.1 产品范围

产品范围指的是产品、服务或成果所具有的特征和功能。在软件项目中，产品范围具体指的是软件的功能特性和性能指标。它通常在软件需求规格说明书中进行定义。以下是产品范围的一些关键组成部分：

（1）功能需求：定义软件需要执行的基本操作，例如数据录入、处理、查询等功能。

（2）非功能性需求：指软件在性能、安全性、可用性等方面的要求，例如响应时间、并发用户数、数据保护措施等。

（3）用户界面需求：涉及软件界面的设计，包括布局、颜色方案、交互方式等。

（4）集成需求：如果软件需要与其他系统或组件协同工作，则需定义这些集成的需求。

（5）数据需求：包括数据结构、存储格式、数据安全等方面的要求。

3.1.2 项目范围

项目范围是指为了交付具有规定特性与功能的产品、服务或成果而必须完成的工作。它不仅局限于产品范围内的工作，还包括了管理和支持活动。项目范围通常在项目范围说明书中详细说明，包括但不限于以下内容：

（1）可交付成果：明确列出项目将要交付的成果，这些成果应满足产品范围的要求。

（2）验收标准：定义用于验证可交付成果是否符合预期的标准。

（3）除外责任：明确哪些内容不在项目范围内，避免范围蔓延。

（4）制约因素：列出影响项目执行的限制条件，如预算、时间、资源等。

（5）假设条件：列出项目计划中的假设，这些假设可能会影响项目的进展。

（6）验收计划：描述如何验证可交付成果是否达到验收标准的过程。

（7）用户培训计划：规划如何帮助最终用户熟悉并有效使用产品。

（8）项目管理活动：包括风险管理、质量管理、变更控制等过程。

3.1.3 IT项目的范围示例

假设我们要开发一款新的移动应用程序，旨在帮助用户追踪日常饮食和锻炼习惯。

1.可能包括的产品范围

（1）功能需求：用户能够输入每日食物摄入量和运动详情。

（2）非功能需求：应用程序需要在各种设备上稳定运行，并且用户界面友好。

（3）用户界面需求：设计简洁直观的界面，便于用户快速添加数据。

（4）数据需求：确保用户数据的安全性和隐私保护。

2.可能包括的项目范围

（1）可交付成果：完成的应用程序、用户手册、测试报告等。

（2）验收标准：应用程序在不同设备上的兼容性测试、用户界面体验评估等。

（3）除外责任：不包括未来版本更新或新功能开发。

（4）制约因素：项目预算受限、开发周期不超过六个月。

（5）假设条件：所有团队成员都能按时参与项目。

（6）验收计划：包括内部测试、外部测试、最终用户反馈收集等阶段。

（7）用户培训计划：提供在线教程和现场演示会，帮助用户了解如何使用应用。

（8）项目管理活动：定期进度会议、风险管理策略、质量保证流程等。

当我们弄清楚概念后，再代入软件项目中，就会发现，其实产品范围就是软件项目的交付物，而项目范围是为了完成这个交付物而必须完成的一系列工作。

通俗地说，软件项目最终要开发出一套可运行的软件，形式多样，比如一种桌面应用，像Windows系统中常用的Word、Excel、

PPT这类软件，也有很多视频网站，如优酷、爱奇艺、腾讯视频等，还有我们每天在手机上使用的App，如微信、钉钉、美团，以及很多操作系统本身，如Windows系统、Android系统等。这些都可以称之为通过成功的项目管理，最终产生的交付物，在软件开发项目中，就是前面所说的这些软件。

开发软件需要对这个软件最终各方面进行描述，我们将这份文档称为需求文档，专业名称是软件需求规格说明书。说完软件需求，再来总结下软件项目的范围。其实在IT项目中，明确了需求，项目的范围就完成了一大半，毕竟做什么、怎么做都清楚了，可交付成果也已经明确。

3.2 如何做好IT项目的需求调研

对于IT项目经理来说，最重要的是需求，那么需求从何而来呢？答案是需求调研。

在IT行业，很多公司会做一些定制开发和项目外包，这是目前的行业常态。一个完整的软件外包项目流程包括需求分析、总体设计、详细设计、开发编程、测试分析、系统整合及现场支持。所以，需求分析是整个软件项目外包流程的第一步，也是最重要的一步。如果连客户需要什么都不清楚，闭门造车开发出来的东西又有什么价值呢？客户不会为此买单。

3.2.1 三步快速入手项目

举个例子，你正在会议上跟甲方就某些需求变更激烈讨论的时候，领导突然拿着手机对你说："有个新项目，有家公司要做一个基于微信使用的'访客系统'，我跟他们的总经理拉了个群，现在

25

把你也拉进来，你尽快跟他们沟通确认一下。"领导说完就走了，留下一脸尴尬的你。

这个场景是不是很熟悉？像不像每次接到新项目任务时的你？这种情况对于新手或者经验不丰富的项目经理来说会一头雾水。而对于有多年工作经验但对"访客系统"不熟悉的项目经理来说，通常可以从以下三步快速入手。

1. 快速建立基本概念

遇到拿不准的事就上网查询，看看什么是"访客管理系统"。想要的内容基本都能找到，先从互联网上查找概念，如果互联网资料不全，还可以查看百度文库里一些质量较高的文档，里面也会有概念描述。这样你就知道了访客系统是什么、需要解决哪些问题。

2. 快速建立产品功能和使用场景

继续搜索，看看是否已经有公司做好了现成的"访客系统"。一般情况下，能搜索到许多类似的软件，特别是排名靠前的广告位，都是其他厂商类似的系统，点进去查看产品介绍或者解决方案，很快就能知道访客系统大致包含哪些功能、适用于哪些场景。你也可以将这个过程理解为一个简单的竞品分析过程。

3. 快速了解客户群体及行业现状

什么样的客户会构建这种系统呢？其实，在第二步查看其他厂商的网站时，再去查看这个公司的成功案例，就能发现他们的客户是谁，以及大致的应用情况。有些知名客户马上就能知晓，不知名的也依然可以通过互联网了解这个客户的所属行业，以及为什么需要这个"访客管理系统"，通过侧面了解，就能知道客户群体存在类似的需求。

不需要高深的知识和能力，会搜集信息就行。虽然这个过程非常简单，但是至少能从以下三个方面帮你建立对这个项目的基本认识：

（1）概念层面：访客管理系统是什么；

（2）产品层面：访客管理系统一般都有哪些功能，适用于哪些场景；

（3）客户层面：哪类目标客户会产生这种需求，他们产生需求的原因。

3.2.2　掌握需求调研的四个维度

作为项目经理，需求调研是一项必须掌握的技能，那么需求调研又是什么呢？

需求调研就是收集需求的过程，是为实现项目目标而确定、记录并管理相关方的需求的过程，其主要作用是为定义产品范围和项目范围奠定基础。可以通过用户访谈、可用性测试、问卷调查、数据分析等方法对项目范围进行定性和定量的分析，目的是依据需求调研的结果进行下一步的需求分析和产品设计工作。

基于以上内容，我们明确了什么是需求调研，再将关注重点进行归纳，就能提炼出需求调研的四个维度：

（1）项目背景：关注建设目标和客户期望；

（2）项目业务：关注业务功能、流程、节点、主次；

（3）项目角色：关注业务功能涉及的角色、每个角色的任务及其期望；

（4）系统接口：关注系统之间的关系、内外部的对接改造。

3.2.3　全面剖析四个调研维度

当我们抽象出四个维度后，就有了抓手，可以进行分解，下面针对每一个维度展开具体的调研。

1. 项目背景的调研

项目背景是理解用户建设该项目的动机,以及项目背后存在痛点的关键环节。客户基于不同的动机,对系统的要求往往有很大的差别。在实际工作中,我发现很多项目经理经常忽视项目背景调查。这种忽视会带来极大的项目风险——无法清晰、准确地把握客户的期望和建设目标,这也是项目中最常见且最大的风险之一。

对于项目背景的调研,我们必须找准对象,一定要想办法与对方的项目发起人或主管领导直接沟通,从而清楚地了解项目建设的动机、对项目的期望、要实现的目标、是否存在关键的制约因素等。由于面对的可能是客户的主要负责人,有时候会比较敏感,或者时间非常短暂,但是我们一定要争取这样的机会,哪怕是半小时、十几分钟也行。这时候就需要项目经理了解沟通的技巧和提问的策略,这部分内容将在第8章沟通管理中详细阐述,此处就不一一列举了。

关于项目背景调查,总结如下:

(1) 调研对象:项目发起人/主管领导。

(2) 形式:访谈。

(3) 调研提纲:

①谁提出的这个项目;

②基于什么原因提出;

③是否与公司近期的战略相关;

④期望项目达成什么样的目标;

⑤项目的目标市场及用户情况(内部项目);

⑥使用对象及对象的情况(外部项目);

⑦是新建项目还是二次开发,或是二期、三期项目;

⑧建设周期要求。

(4)要点：营造一个安全的环境，以聊天的方式进行，逐步让调研对象说出真实的期望和意图；关注对项目起决定性作用的人和事，抓好关键相关方。

事实上，不仅是IT项目，每个项目的背景调查都可以从以上问题入手。

2. 项目业务的调研

项目业务的调研是整个需求调研的核心，也是最耗时的，因为这些具体的业务往往对应着软件需要实现的功能，对实际使用者来说，是他们最关心的部分。需要注意的是，我们不仅要听其言，还要观其行，要知道客户所讲的和实际所做的往往会出现疏漏和差异，一定要创造条件进行可用性测试，也就是实地观摩用户工作流程、观察用户操作等。

我们还要收集相关的行业资料，要知道对于很多项目所要承载的业务，我们不是简单地梳理清楚线下的业务流程就行了，而是要通过对当前线下业务流程的梳理，找到线下业务存在的痛点，然后在形成系统的线上业务流程时，更好地进行优化和调整。也就是说，我们需要快速成为这个行业的"专家"，通过软件帮助客户解决痛点。

最后，如果我们的软件对原有的业务流程有所改变，一定要先获得客户项目发起人或者主管领导的同意，否则就会出现软件开发好了却无法使用的窘境。

对于项目业务的调研，总结如下：

（1）调研对象：项目对接人、具体业务负责人。

（2）形式：访谈、可用性测试、查找行业知识。

（3）调研提纲：

①项目承载的业务是什么；

②业务的特征和性质是什么；

③当前的业务流程是怎样的；

④业务涉及的使用角色说明，如项目上线后，对原有业务流程需要做哪些改变；业务相关资料收集。

（4）要点：引导用户以示例的方式展示整个业务流程；关注用户对流程中存在的问题和痛点的描述，以及他们的期望或改变；资料收集既重要又关键，可以事先了解相关的行业信息，确保沟通顺畅；如果有可用性测试的机会，一定要求现场观摩。

3.项目的角色调研

角色调研往往和具体业务紧密相关，最重要的是关注每个角色在业务中的任务、所在业务流程的节点，以及其中的输入和输出内容，然后才是该角色对本项目开发的产品在操作使用上有什么期望。

所以，对于项目的需求，各个角色代表就是最后的产品使用者。需要注意的是，当角色代表提出自己的需求和期望时，如果是偏离业务目标的需求，或者超出项目范围的需求，项目经理是不能接受的。这种情况在实际调研中很常见，是典型的需求蔓延，需要项目经理特别注意。

对于项目业务的调研，总结如下：

（1）调研对象：各类角色代表、具体使用者。

（2）形式：访谈、可用性测试、非正式沟通。

（3）调研提纲：

①角色的岗位是什么；

②岗位和该项目相关的工作内容有哪些；

③该业务的工作输入和输出有哪些；

④该业务的工作依据、资料、表格；

⑤在这些工作中，各环节的处理耗时和周期；

⑥在这些工作中，感觉最有难度的是哪个；

⑦对建设该项目有什么意见和建议。

（4）要点：不仅要听其言，还要观其行；收集他们工作的相关资料，了解和验证他们要做什么；不偏离业务目标和项目目标，不关注个人诉求。

4. 系统接口的调研

系统接口是调研的最后一个维度，相对来说比较简单，明确我们的系统和其他系统存在何种关系、需要交互哪些信息、需要建立何种接口及接口协议。要点是把握好可能影响项目进度的细节。

除此之外，确认其他系统接口是否需要开发，如果需要开发，那么这些系统开发的对接人、开发时间等也需做好了解和记录。

对于项目系统接口的调研，总结如下：

（1）调研对象：项目对接人、IT负责人。

（2）形式：访谈、可用性测试、实时沟通。

（3）调研提纲：

①有哪些系统和本项目相关联？

②对接的各系统处于哪个阶段，是否涉及二次开发？

③输入和输出关系、接口方式、协议？

④各系统厂商、接口负责人是谁？

⑤接口资料何时、如何提供？

⑥对此项目建设有什么意见和建议？

（4）要点：对于有可能影响该项目建设周期的系统对接，要清楚了解具体对接厂商的需求及进度。

按照以上四个维度列出调研提纲，就能够形成调研计划。有了计划，我们便可以开展需求调研。而如何将每个维度调研清楚，还需要在提问方法、沟通方式的策略方面下功夫。

3.3 如何做好IT项目的需求分析

项目成功的基础是什么？有人认为是项目资源，毕竟万事以人为本，人肯定是基础；有人认为是技术能力，技术上没有可行性，项目就无法完成；还有人认为是项目管理方法，无规矩不成方圆……

不同的人，站在不同的角度，有不同的看法。因为，不同的想法都源于实际项目开发中面临的不同环境。就我参与开发过的项目来说，虽然这些都很重要，但是我认为项目成功的基础是需求分析。

为什么这么说呢？因为项目对于技术要求并不高，项目体量也不大，唯一有难度的是业务需求比较复杂，专业性非常强。举个例子，基本上每个项目都会涉及行业深度的业务逻辑，很多时候需要抽象出来搭建业务模型，所以需求分析是项目成功的关键步骤。

3.3.1 需求的概念

需求是什么？简单来讲，需求就是一份关于最终软件各方面的描述文档。我们再来看看几个权威机构对需求的定义是什么样的。

电气与电子工程师协会（IEEE）的软件工程标准词汇表中对需求的定义是：用户解决问题或达到目标所需的条件和能力；系统或系统部件为满足合同、标准、规范或其他正式规定文档所需具有的条件和能力；以上条件和能力的文档说明。

能力成熟度模型集成（CMMI）的需求管理规范中对需求的定义是：需求是对产品或过程的操作、功能和设计的特性或约束的表述，这些表述是明确的、可测试的、可度量的，而且对于产品或过程的可接受性（被顾客或内部质量保证措施）来说是必需的。

《项目管理知识体系指南（PMBOK®指南）：第六版》中对需求的定义是：为满足业务需求，某个产品、服务或成果必须达到的条件或具备的能力。

《需求工程》一书中对需求的定义是：系统必须实现什么样的规格说明，它描述了系统的行为、特性或属性，是在开发过程中对系统的约束。

可以看出，虽然表述各有不同，但是都表达出同一个核心观点：需求的提出和实现就是帮助用户解决问题和痛点的。

3.3.2 需求分析的步骤

当明确需求的概念后，就可以开始做需求分析了。我把需求分析分为四个步骤，即明确背景、调研收集、整理分析、编写文档。

1. 明确背景

了解某一事物，需要结合这个事物所处的环境，项目需求分析同样需要了解项目的背景知识。可以说，对于项目背景的理解有助于项目的需求分析。结合我自己的实际工作经验，总结出项目背景一般有以下几类。

（1）解决现存问题：这也是大部分项目的需求背景，通过项目解决目前工作中某些环节或流程中存在的问题。

（2）政策的出台和法律法规的要求：每年国家都会出台相关政策，指导各行各业更好地发展，公司也是以项目的形式来落实政策。并且国家和各地方政府也会定期更新或者颁布新的法律法规，公司也需要及时按照新的法律法规依法开展项目。

（3）战略需要：公司根据其战略或经营战略的需要，对不同的项目有不同的要求。以前我在某外企工作时，有一个1 000多万元的项目，但公司最后和客户签订的合同金额是600多万元，我当时不太理解，领导说该项目是战略性项目，不是盈利项目。经过这么多年的发展，最后证明那个项目确实具有战略性，带来的价值不可估量。

（4）竞争赛道和抢占市场：每个行业都向着精细化发展，对公司来说，赛道越分越细，竞争越来越激烈，为了弥补某种产品或者服务的缺失而进行项目实施。

（5）引入新技术：目前人工智能、大数据、区块链、数据可视化等技术发展迅猛，如果项目中不引进这些前沿技术，市场竞争力会大大降低。由于新技术的发展，公司也会需要启动一些项目，专门引入新技术。

2. 调研收集

在项目的需求调研过程中，针对不同对象会产生不同的需求分类。

（1）业务需求：反映组织、公司或客户对系统、产品高层次的目标要求，在项目章程及需求范围文档中予以说明。

（2）用户需求：描述的是用户，也就是使用者的目标，即用户（使用者）使用系统能做什么。通常在用户调研后，通过用例、场景描述、流程图等进行描述。

（3）功能需求：产品系统的功能需求，即用户可以利用这些功能完成任务，以满足用户需求和业务需求。一般通过用户需求调研分析后的流程图、原型图、需求文档等进行描述。

3. 整理分析

需求的整理分析实际上是一个需求筛选的过程。

首先，将收集到的需求与项目范围作对比，项目范围内的予以保留，项目范围外的暂时搁置，根据实际情况再与客户确认。

其次是分析，关于如何分析，每个人都有自己的想法，但不管如何变化，项目需求分析的手段都有一些共同的特点和方法。

比如，需求分析的一般过程为：需求的产生过程分析、需求确认分析、需求表达分析、功能要求分析、技术要求分析。大家也许会发现，这个过程好像非常熟悉！没错，其实这个过程就是需求规格说明书的目录。从业务需求和用户需求到功能需求是需求转化的过程。业务需求和用户需求只有经过需求分析的转化，成为产品的功能需求后，才能得以实现。

举个例子，你准备结婚了，家里人要给你买一套婚房。现将需求分析整理如下：

（1）需求的产生：需要购买用于结婚的房子，由家里和自己各出一部分钱。

（2）需求的确认：除购房外，还需要装修，因为这是婚后马上要入住的房子。

（3）需求的表达：婚房希望面积在100平方米以上，采用北欧式的装修风格。

（4）功能要求：房本上的名字必须是你和准新娘两个人的；房子必须是三室两厅；室内装修必须美观，硬装修必须是北欧式风格，且必须安全等。

（5）技术要求：为满足设计的功能要求，应该请何种资质的公司装修、房间布局是否需要改造、水电如何设计、是否应该安装监控系统和电子锁等。

通过这个较为直观的例子，大家就可以理解需求分析的过程了。

在实际工作中，依据之前的调研结果，比如访谈记录、业务流程图、场景和规则的描述、业务的目标、用户的痛点等，也就是按照业务、用户、功能这三大需求逐一按照该过程进行分析，就能得到我们所需的结果。

4. 编写文档

一般情况下，在完成第三步需求整理分析后，我们已经完成了许多工作，如文字性的需求描述、用例图、流程图，甚至原型图等。那么在最后一个步骤中，需要再次与甲方进行讨论和验证，并编写整个需求分析文档。

完成需求分析文档后，开始对需求进行管理，并且需求管理要贯穿整个需求分析的过程。需求管理对文档的依赖性非常强，务必要重视文档。有些人觉得写文档太浪费时间了，但从长远来看，文档实际上能大大地提高效率。

若有新人加入团队，想要了解团队之前的工作，他可以直接从文档中了解大概情况。如果没有文档，那他就只能逐个询问其他人了，其间难处不言而喻。

对于大型且长期的项目，如果没有文档记录并管理需求，就很容易发生项目需求蔓延或者"镀金"的情况，这是很多新手项目经理常犯的错误，也是导致项目延期或失败的最主要原因。当然，需求管理同样涉及很多过程及方法，由于篇幅有限，这里只分享常见的需求文档管理方法。

3.3.3 需求变更的管理

需求的变更不可避免，由于各种原因，如调研不完善、规划不全面、业务有变化等，需求池也在不断变化，那么如何对这些变化进行管理呢？

1. 版本管理

由于需求的记录仍需使用文档，当需求发生变化或更新时，应及时更新文档。

规范的需求文档通常都会有类似"更新记录"的章节，每次需对版本更新进行详细说明，如本次修改了哪些内容、修改人的姓名等。

2. 优先级管理

我们都知道，项目的时间是有限的，需求有轻重缓急之分，必须对需求进行优先级划分，项目经理可以根据需求的优先级进行后续的产品设计和迭代工作。

3. 完成度管理

对每项需求完成度的管理，也是项目经理需要关注的要点。每个需求都是项目范围的一部分，当完成每个项目需求时，就意味着完成了项目范围内的工作。

3.3.4 需求分析中的错误认识

需求分析实际上就是通过需求采集、需求分析、需求筛选及需求变更管理等一系列过程，挖掘客户描述需求背后的真实诉求和需要解决的问题。

需求分析人员并非简单的需求搬运工，而是要处理正确的需求。更多时候，客户或用户提出的往往不是需求，而是问题。他们希望我们对问题进行提炼，转化为软件需求（解决方案），然后转交给开发人员。

从提出问题到解决方案是一个收集、思考、分析的过程。比如客户提出"所有的工作都要用软件管理起来"，这是一个非常抽象的问题，项目经理需要深入了解并转化该问题，才能形成软件需求。很多时候客户的想法并不是最终需求，因此要通过分析识别错误的需求或伪需求，这里不再一一举例。本章3.5节，我们将专门探讨到底什么是真需求。

需求分析的过程也是把控范围的过程，比如本次项目的任务是给客户开发一个办公自动化（OA）管理系统，但客户突然提到他们的办公用品台账管理太乱了，这个问题明显不属于OA的建设范围。技术也是逐步发展的，客户提出的所有需求并不是都能通过技术实现，所有无法实现的需求也要靠分析识别出来。而需求的收集、分析是项目经理的基本能力，能够引导客户、挖掘需求才是优秀的项目经理。

满足客户提出的需求不是目的，建立客户在行业领域的标准化管理体系才是目的。这意味着用户提出的需求不一定都要实现，没有提出的需求也不一定不实现。让用户提出需求只是实现该目标的手段之一。

关于需求分析中的错误认识，挑选最常见的两点加以说明。

（1）未进行需求分析，或者需求分析尚未完成就急于进入编程阶段。客户期望在后续过程中一边编码一边确定需求，这样的结果就是边写边改，永远改不完，范围蔓延是肯定的，项目延期是必然的结果，而且大多数情况下的结局就是项目失败，项目经理"背锅"。

（2）由于客户缺乏相关知识，认为软件是可以随意更改的。有些客户认为不像硬件做出来就无法改变了，所以项目需求不断变更。这样的后果是一样的，项目范围永远没有边界，失败是迟早的事。

以上这两种现象很常见，不仅很多甲方如此认为，很多乙方负责人和高层也持有这种思维。在这种情况下，项目经理一定要有足够的韧性，要有底线思维，利用一切可以利用的资源，做好需求分析工作，为后续项目的成功奠定坚实的基础。

3.4 帮助超越自身工作能力的利器：WBS

我刚参加工作的时候，曾有一段时间被一个问题深深困扰：为什么领导总把这么困难或者复杂的任务安排给我？我相信很多人跟我有一样的想法。其实，等我慢慢成长起来，特别是自己成为团队负责人的时候，我才知道真相并非如此。大部分情况是：工作没有简单的，大家的任务都不容易！

在职场中，我们期盼领导给自己布置最简单的工作，这样就能尽在掌握、游刃有余、得心应手。有时，越希望得到简单轻松的工作，就越会得到复杂且困难的工作，这些工作往往充满了挑战，落在了你的焦虑区，而不是你的舒适区，这时候该怎么办？

我会利用项目管理中的一个重要工具——工作分解结构（work breakdown structure，简称WBS），它成为我解决复杂问题、完成复杂工作的利器。

随着完成的项目越来越多，规模也越来越大，我对项目管理思维的理解也越来越深入，我发现WBS不仅仅是利器，简直可以称之为神器，它不仅可以在项目中使用，在工作、生活中几乎都适用，难怪有人说："万事万物皆项目。"

3.4.1 WBS的概念

WBS源于项目管理，包含以下三个关键词。

（1）工作（work）：指工作产品或可交付成果，即付出努力的结果。

（2）分解（breakdown）：指划分成不同部分或类别，分开成为更简单的事物。

（3）结构（structure）：指用确定的组织方式，安排不同的事物。

那么放到项目场景里呢？就是指项目团队为实现项目目标、创建所需可交付成果而需要实施的全部工作范围的层级分解。

WBS用于界定项目工作范围，以可交付成果为导向，对项目进行划分与分组，推动团队为实现项目目标、提交所需可交付成果而实施的工作，其最低层次为工作包。这里的可交付代表知道要什么，更详细代表更强的可执行性。

WBS归纳和定义了项目的整个工作范围每下降一层代表对项目工作的更详细定义。简单来说，WBS是一个帮助我们厘清关系、理清思路，根据目标做规划的工具。到此为止，我们就可以把WBS的具体分解步骤总结为：项目→任务→工作→活动。

WBS跟因数分解很像，运用的是同一个原理，就是把一个项目按一定的原则分解成任务，任务再分解成一项项具体工作，再把具体工作分配到每个人的日常工作中，直到分解完为止。所以，WBS是工作的一种总结，而不是工作本身，工作是构成项目的许多活动的总和。在项目中，WBS是组织项目实施的工作依据，是开展一切项目管理工作的依据和基础，具有十分重要的作用。

不管是利器还是神器，都是工具，如果使用者不会用，哪怕再好的工具也发挥不出应有的效果。

想要运用好一个工具，懂得它的"术"还不够，还要了解其中的"道"，才能真正学会并掌握。很多人困陷于各种形式，却始终没有掌握WBS最本质的原理。所以，下面我来讲讲该如何用好WBS。

3.4.2 WBS的分解原则

在掌握WBS具体拆解方法之前,我们首先要掌握其原则。由于WBS几乎可以用于任何领域,所以WBS分解的方式多种多样,但其分解原则是共通的,主要有以下几个原则:

1. 100%原则

在进行任务拆解时,被拆分的任务要完全涵盖所有的交付物。每一层分解的子任务也要100%覆盖其上级任务范畴,即需要在同一层次列出所有分项。

2. MECE原则

相互独立且完全穷尽(mutually exclusive collectively exhaustive,简称MECE)原则是指在任务拆解时,每项任务不重复,只有完全穷尽才不会遗漏、误事。

3. 唯一原则

每一项任务应该且只能在WBS中的一个地方出现,任务之间不能相互包含。

4. SMART原则

一项工作的分解需具备具体(specific)、可量化(measurable)、可实现(attainable)、相关性(relevant)、有时限(time-bound)这五个条件。每项工作都必须有部门和人员负责,且必须有主要负责人。每项工作都要具体到个人,而不是分配给几个人组成的小组。

5. 要围绕目标

在列举WBS工作包时,要依据期望的可交付成果制订计划,而不能仅仅规划行动事件,因为后者要么事无巨细地堆砌,要么存在挂一漏万的疏忽。

这是一个较易被忽视的原则,因为我们本能上都习惯直接拆解工作，但所有项目流程的完成都是为了一个承诺的交付成果，交付标准决定了从第一天开始的所有工作内容，所以在进行任务拆解时，最重要的原则是围绕期望的可交付成果制订计划，做任何分解都要紧盯目标、围绕期望达到的目标制订任务计划。

6. 确定的工作包大小要合理

项目拆解出的工作包并非越细越好，而是要满足可交付、可分配、可落实责任到人的要求，其合理大小取决于多个因素。我将其归为两类。

（1）与项目成员的工作成熟度有关。经验丰富的成员倾向于较大的工作包，使成员能够自主围绕产出设计任务。过细的工作包会让成员感到被过度管理，且需要花费过多时间来更新任务状态。

（2）与工作及沟通模式有关。比如，在统一办公、沟通方便的行业，按照8~16小时（即1~2天）的体量确定工作包大小，可以配合每日或隔日的会商会议。如果是外出作业较多的行业，按照需要更长时间完成的工作包大小来确定，可以适应每周会商的节奏。

当然，工作包也不能大到无法进行分工，至少每个工作包能够明确到特定的负责人，如果是多人负责的一类事务，则必须进一步细分。所以，需要很好地把握分解的颗粒度。太细容易失去重点，太粗则不利于项目控制，需要灵活权衡。

3.4.3 WBS的分解方式

编制WBS的方法多种多样，不过最常用的方法有三种：自上而下分解、自下而上集成和类比法。前两种方法源于项目团队及利益相关方，类比法更多源于经验，可以参考类似项目的WBS进行创建。

1. 自上而下分解

自上而下分解法体现梳理能力，适用于没有WBS编制经验、没有WBS模板、不了解项目产品的服务特性，或者不熟悉项目生命周期特性的项目经理、项目管理团队。自上而下分解任务时，要持续关注项目任务，充分细化任务，确保没有遗漏，便于管理层监督控制。

2. 自下而上集成

自下而上集成法体现的是组合能力，适用于了解项目产品或服务特性、项目生命周期且有合适WBS模板可用的项目经理。需要注意的是，在编制WBS之前，要确定所有可交付成果，确保工作包的汇总合乎逻辑。

3. 类比法

类比法依靠项目经理的过往经验，在创建时可以参考类似项目的WBS，这里不再赘述。

4. 其他方法

另外，对其他常见的WBS分解方法，做如下简单总结：

（1）按产品的物理结构分解。

（2）按产品或项目的功能分解。

（3）按实施过程分解。

（4）按项目的地域分布分解。

（5）按项目的各个目标分解。

（6）按部门分解。

（7）按职能分解。

3.4.4　WBS的编制步骤

WBS的编制可分为以下八个步骤：

（1）提出需求。获取用户提出需求时的初始需求文档，如会议记录、草图、往来邮件等。

（2）需求确认。所有项目组成员参加需求讨论会议，确认项目主要工作及项目分解方式。

（3）分解项目。分解项目工作，如果有现成模板，应尽量利用。

（4）网站地图（sitemap）制作。画出 WBS 的层次结构图。

（5）制作详细 WBS。将项目细分，详细到能够对工作包进行估算（成本和历时）、安排进度、做出预算、分配负责人员或组织单位。

（6）WBS 审查。验证上述分解的准确性。

（7）确认 WBS 版本。建立一个编号系统。

（8）WBS 更新。随着其他计划活动的进行，不断修正 WBS，直至覆盖所有工作。

不同类型的项目编制步骤有所不同，这里不进行扩展分析。

3.4.5　WBS 的检验标准

编制好一个 WBS 并不意味着工作的结束，还有一项重要的工作，即对其进行检验。

1. 检验标准

检验 WBS 是否定义完全、项目的所有任务是否都被完全分解，主要依据以下六点标准：

（1）每个任务的状态和完成情况可量化。

（2）明确定义每个任务的开始和结束时间。

（3）每个任务都有一个可交付成果。

（4）工期易于估算且在可接受期限内。

（5）成本容易估算。

（6）各项任务是独立的。

2. 检验要求

在实际工作中，除了以上六点，我们在创建和检验WBS时还需要注意以下七个要求：

（1）一个WBS项只能由一个人或者一个部门负责，即使有许多人参与该项工作，也只能是参与者。

（2）让项目团队成员积极参与创建WBS，确保WBS的一致性。

（3）WBS必须在说明书范围内维护项目正常工作内容的同时，也能适应不可避免的变更。

（4）WBS中某项任务的内容是其下所有WBS项的总和。

（5）WBS必须与实际工作中的执行方式一致。

（6）每个WBS项都必须文档化，以确保准确理解已包括和未包括的工作范围。

（7）WBS应该有交付物，该项工作完成后有何交付物应予以体现。

WBS工作分解结构作为项目管理领域的一个核心工具，能够保证项目结构的系统性和完整性。除此之外，任务分解到位，也可使工作架构更清晰，从而使项目执行操作更高效。

WBS除了可以解决项目中的难题，在面对工作中的其他问题时，特别是一些复杂工作、困难任务时都能游刃有余。

3.5 项目真需求的判断与评估方法

正如"一千个读者眼中有一千个哈姆雷特"，每个人看待问题的角度因受个人性格、习惯、知识储备、理论水平、思维方式、思考深度等因素的影响而有所不同。所以，每个人对需求的理解存在差异，进而对什么是真需求也有不同的见解。

举个例子，刮胡子几乎是每个男性每日必做的事情，于是便产生了对刮胡子工具的需求，这是大多数人的想法，然而剃须刀制造公司的创始人金·坎普·吉列是如何思考的呢？他认为这不仅仅是日常需求，更是男性维持体面形象的需求。所以提到吉列品牌，人们会联想到：男性、剃须、优雅。

按照马斯洛需求理论，这属于第四层级的需求——尊重需求，即希望得到他人尊重，所以需要维持体面的状态，而剃须便是维持这种体面的一种重要方式。因此，当吉列发现了更深层次的需求，即更"真"的需求时，他就能比他人更加成功。这便是发现真需求的好处之一：在同一起跑线出发时能超越大多数人。

真需求如此重要，那该如何寻找或者发现呢？很多人会想，我是做项目的，又不是做产品的，哪有什么真需求、假需求，客户让我做什么我就做什么。这种想法部分对，部分不对。对的是项目的范围由客户提出，这没有问题；不对的是如何实现这个范围，很多时候不能完全按照客户的要求。

举个例子，我们去公司调研的时候，客户往往不止一人，会有各种角色，张三说需要一个熨斗，李四说需要一个熨衣板，而最后我们才发现，客户真正想要的是一件没有褶皱的衣服。从这个例子可以发现一个问题，项目经理去做调研的时候，可能会直接将调研对象的想法当作需求，这也是需求调研中出现"伪需求"的最常见情形。

要解决这个问题，项目经理需要具备需求洞察能力，透过表面看到需求，进而真正触及本质的"真需求"。透过现象看到本质，发现隐藏在背后的需求，即所谓的"真需求"。一个人最终的选择，往往由隐性需求决定，而隐性需求本质上是行为背后的情感诉求，情感诉求的背后是人性或者马斯洛需求理论。

因此，我们要还原需求，可以从以下三点着手。

（1）需求源于场景。在什么时间、地点，做了什么事，有什么结果，由此产生了什么感受；

（2）需求源于人的切身感受。善于发现对方难以表述或者不想表述的需求，充分运用共情能力，将其映射到自身或者场景中，引导对方还原出来，从而了解他们的真实想法或感受。

（3）需求源于细节。引导对方说出真实生活中的工作方式、习惯、思维方式、文化等（这一点我们可以参考产品开发中常用的人种学方法）。

做到以上三点，我们就能还原需求，进而发现对方的隐性需求。

从这个例子中，我们还能发现第二个问题，即客户很多时候会直接提出解决方案，因为用户认为这是寻常的需求，在表述时会忽略过程，直接说出最终结果，这时候用户表达的需求是失真的。

当然，很多时候由于客户的认知和自身能力有限，所以无法准确表达自己内心真正想要的需求，他们不知道答案是什么。在某些特定场合下，客户会说出违背内心的需求，我们可能会被客户误导。

由此可见，想要挖掘出真实的客户需求是需要花费一番心思的。我们要学会洞察人性，从人的本性挖掘出最真实的需求，这也是挖掘客户真实需求最重要的方法。

3.5.1 真需求的判断

我们通过以下三种方法挖掘客户的真实需求。

1. 洞察人性法

通过对人性的洞察，判断客户内心最真实的需求。在实现一个功能之前，判断这个功能是否符合人性，是否跟具体的人性表现相匹配，如果匹配就值得去做。

我们知道人性的主要表现有：好奇心、饱腹欲、社交欲、道德感、荣誉感、性欲、从众心理、服从权威、家庭观、厌恶感、美感、独立性、公正感、同情心、身份感、秩序感、恐惧、懒惰、关注自身、固有思维等。

将这些人性的表现与客户中的不同角色相匹配，挖掘他们真实的想法，从而得到他们真正的需求。

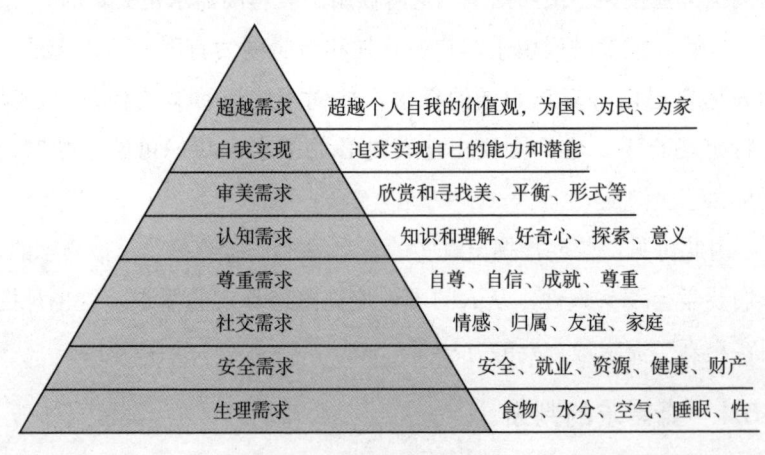

2. 马斯洛需求层次法

马斯洛需求层次法是本书多次提及的一个理论，其实仔细分析马斯洛需求理论就会发现，它几乎涵盖所有的人性，正面体现的是人性中的善，反面体现的是人性中的恶。在我看来，它就是一个人性的模型，如图3-1所示。

超越需求	超越个人自我的价值观，为国、为民、为家
自我实现	追求实现自己的能力和潜能
审美需求	欣赏和寻找美、平衡、形式等
认知需求	知识和理解、好奇心、探索、意义
尊重需求	自尊、自信、成就、尊重
社交需求	情感、归属、友谊、家庭
安全需求	安全、就业、资源、健康、财产
生理需求	食物、水分、空气、睡眠、性

图 3-1 马斯洛需求层次法

通常情况下，越是上层的需求得到满足，产品就越能展现出高价值，客户也就越愿意为之付出更高的代价。我们也可以通过判断要做的功能属于马斯洛需求层次的哪一层,来判断是不是应该去做。同时,要对应客户中的不同角色,通过前期调研明确不同相关方、不同角色的真实想法后,套用马斯洛需求层次法,就可以得到他们真实的需求。

3. 观察法

由于很多时候客户表达出的需求并不可靠,我们可以观察用户,观察他们的言行举止,从而推断出用户的内心世界,判断他们真正想要的是什么。

可以看出,虽然分为三种方法,但这三种方法更像是洞察人性的三个步骤。

我们做一件事情,首先要有理论指导,这就是马斯洛需求层次理论;其次,我们要做的是洞察人性,通过人性的外在表现了解他们内心真实的想法;最后,我们要观察他们的言行举止、语言习惯等。

将这三个步骤有机结合起来,就能够透过现象看本质,通过客户的外在表现发现隐藏在背后的真实想法,从而得到真实的需求。

3.5.2 产品开发中常用的评估方法

这里还要提及需求的评估方法,除了上述三种方法外,在评估需求时还要引入产品开发中常用的三种方法。虽然我们是在做项目而非开发产品,但是以下三种方法仍然可以为我们评估需求提供帮助。

1. KANO模型法

KANO(卡诺)模型法,将需求分为基本型需求、期望型需求、兴奋型需求、无差异需求和反向需求。

(1)基本型需求,即用户认为应当具备的需求。如果不具备此类需求，产品的可用性将大幅降低，用户满意度也会大幅下降；而具备此类需求时，用户会觉得理所当然，满意度并不会提升。

（2）期望型需求，即用户期望得到的需求，是用户想要但并非不可或缺的需求。如果具备了此类需求，用户满意度会提升；如果缺失，用户满意度会下降。

（3）兴奋型需求，即那些出乎用户意料的需求。由于出乎用户意料，缺少此类需求时，用户不会察觉，满意度也不会受影响；而具备了此类需求时，用户满意度会急剧上升。

（4）无差异需求，即具备或不具备用户都觉得无所谓的需求。此类需求是否存在不会对用户满意度产生影响。

（5）反向需求，即用户不希望出现的需求。如果具备了此类需求，用户满意度会下降，应尽量避免。

总之，在受控环境下的项目中，我们要确保基本型需求的功能必须做；期望型需求的功能选择性地做，以提高交付物价值、提升客户满意度；兴奋型需求根据项目团队能力选择1～2个来做，以达到让用户"尖叫"的效果；无差异需求坚决不做；反向需求严禁去做。

2.产品定位法

产品定位法更适用于新产品开发，但仍可以利用其核心思想来帮助我们评估需求。比如根据项目定位评估需求是否要做，评估需求是否符合项目定位，与项目定位偏离较远的功能就无需去做。

3.场景重现法

场景重现法是非常产品化的一种评估方法，能够帮助项目经理对需求进行评估，即根据用户的使用场景评估需求是否要做。罗列目标用户群的主要使用场景、次要使用场景，基于罗列的使用场景判断在不同场景下不同需求是否要做。项目经理了解需求，不一定能做好项目；但是不了解需求，一定做不好项目。

如果非要在需求前面加一个形容词，那就是"真实"。实际上，能否发现真需求非常考验项目经理的能力和经验，基于此，我将项目经理分为以下六个段位：

（1）顶尖的项目经理帮助客户创造价值，打破"我是谁？我在哪？我在做什么"的认知，让客户发现"原来世界还可以这样玩"。

（2）卓越的项目经理，帮助客户发现价值，打破"不知道自己不知道"的认知状态，让客户发现"原来自己还可以这样玩"。

（3）优秀的项目经理，帮助客户发现需求，打破"知道自己不知道"的认知状态，让客户发现"原来是这样玩的"。

（4）普通的项目经理，帮助客户理解需求，打破"知道自己不知道"的认知状态，让客户发现"原来这个是这样玩的"。

（5）初级的项目经理：客户"知道自己知道"，你照做就行。如果质量有保障且服务优良，也能生存下去。

（6）不合格的项目经理：不管客户"知道不知道"，自己知道就行，这种人可能混迹于各种濒临倒闭的外包公司。

第4章

项目进度管理："人月神话"

在探讨项目管理（尤其是软件项目管理）时，"人月神话"是一个无法回避的话题。这一概念由作者布鲁克斯在其被尊为软件工程宝典的著作《人月神话》中提出。这个概念的核心思想可以用一句话简单概括："增加人手并不能相应地加快项目进度。"这一神话背后的真相是，软件开发并非简单的体力劳动，而是高度依赖个人技能和团队协作的智力活动。"人月"是一个衡量项目规模、估算时间和成本的单位。然而，将"人月"简单地理解为可以通过增加人力来直接缩短项目周期，这是一个美丽的谎言。在现实中，当我们试图通过增加人员来加速项目进度时，往往会发现这反而导致了更多的沟通成本和协调问题，进而拖延了项目的整体进度。

在项目进程中，我们不仅是领航者，更是项目的"规划师"。面对不可逆转的时间洪流，我们既要规划项目的发展路径，也要确保其茁壮成长。资源的把控、风险的预见、团队的协同及计划的适时调整，每个环节都至关重要。然而，时间是最缺乏弹性的要素，速度因而成为项目成败的关键。在这场与时间赛跑的竞赛中，我们唯有精准规划、灵活应对，方能在瞬息万变的环境中立于不败之地。

4.1 成为项目的"规划师"

作为项目经理管理项目，需要掌握项目管理理论，比如项目生命周期、五大过程组、十大知识领域，掌握各种方法和工具，比如挣值管理、关键路径法、WBS、进度网络分析等。从这个角度来讲，项目经理也是"规划师"，规划的是项目的生命周期。

通用的项目生命周期一般包括开始项目、组织与准备、执行项目工作、结束项目四个阶段，而项目进度管理包含为使项目按时完成所需的各个过程。

"规划师"无法控制每个参与者的行为，他只能依据已知信息来规划，从而得出一个大致的方向。在这一点上，项目经理也是一样的，我们在项目初期也是在已知信息有限的情况下，确定里程碑和关键点。

由于我们已通过项目章程并被授权，就能够在项目范围内控制和管理项目。我们可以规划、编制、管理、执行和控制项目进度，可以制定相关的政策和程序，发布相关的规定，定义活动、排列顺序、估算时间。在这些基础上制订进度计划，并对其进行控制和监督。

如果说第一层含义是我们为项目设计了一条发展路径，那么在第二层面含义上，我们还要确保项目成长得足够好。

4.1.1 注意资源控制

项目不能如期完成，很大一部分原因在于资源问题，如采购资源未到位、人力资源不足、生产资源冲突等。再完美的计划，若没有资源支撑，也只是空谈。因此，项目经理在项目执行过程中，需要关注各部分的资源负荷情况。

掌握各部分资源负荷情况后，才能够开展资源协调工作。进行资源平衡的基本原则是"向关键路径要时间，向非关键路径要资源"。争取资源是一个博弈的过程，向职能部门要人，向生产单位要资源等，没有资源不能成为项目进度延后的理由。

IT项目又有自身的特殊性，其所需的绝大部分资源是人，所以以人为本也是我一直所强调的。

4.1.2 注意风险控制

制定一套项目风险防范体系，具体包括风险识别、风险确认、风险应对等方面的完整内容，涉及项目风险管理的内容将在第9章详细阐述。不过大家也无需担心，因为在很多情况下，这部分工作一般都会参照公司级项目管理体系来进行定义和规范。

在项目启动初期，要充分识别影响项目进度的风险；在项目执行过程中，要不断对风险进行监控和更新，并及时采取风险应对措施。强调各分项负责人要主动识别与汇报，以预防为主，避免在风险发生时才进行处理。

4.1.3 鼓励团队成员参与

项目经理独自完成进度计划大多是无奈之举。因为团队成员不积极提供输入，也没有时间参加评审，项目经理不得不自己完成进度计划。如果在制订进度计划的过程中让团队成员参与，每个成员就有机会知道谁为他们提供输入，谁是他们输出的接受者。这将促使项目组成员关注其他职能部门的工作，进而关注整个项目的进度计划。

4.1.4 设置检查点

当遇到检查点的时候，就要将收集到的项目实际进展信息与项目的进度基准计划进行比较，查看是否出现了进度偏差。如果没有偏差，进展检查到此结束；否则执行下一步工作。

没有检查的计划无法真正得到落实，因为计划是建立在假设的基础上的，而检查就是将假设与实际情况进行比较，以便及时发现问题并做出调整，确保项目目标的达成。

在同步进展的时候，经常会出现的一个词就是"差不多"，当问到某个功能是否已经完成时，团队成员回答"差不多"或者"完成80%"。这时候项目经理就要注意了，这个"差不多"当中其实暗藏玄机，可能是一个风险信号。听到这个词，应要求对方把详细信息量化地表达出来，然后重新进行评估，分析具体问题，再有针对性地提出解决方案。量化地表达出来是问题得以解决的基础。

一个项目的成功与否，有时候就取决于几个关键点。项目经理若能把控好那几个重要的关键点，项目延期的可能性就会很低。

4.1.5 及时适度更新

项目进度计划制订完成后并非不可修改。渐进明细、滚动式规划更新始终是项目管理的重要原则。及时必要的更新，不仅要对任务、任务的开始和结束时间、依赖关系进行更新，还需要对任务的进展进行更新，要让所有人知晓任务是否有进展，以便评估进度风险和资源消耗是否合理。项目进度计划需要及时更新，但也不是有一点变更就立即更新，更新太频繁会给人一种不稳定的感觉。

比如，我们在检查点发现一些问题，如果出现了进度偏差，针对这些偏差进行分析和研究以发现其中的问题。如果需要解决问题，就针对问题寻找解决方案；如果需要对进度计划进行调整，就修改进度计划。

通过这两个层面,我们不仅要能够计算,还要做到管理和控制,从而使最终的项目成功交付,"扼住命运的咽喉,做命运的主人。"

4.2 最小因素和最大挑战

时间是项目的敌人,它无情地向前推进,不给任何人喘息的机会。

4.2.1 最小因素:时间

最小因素意味着时间在项目进度管理中是灵活性最小的因素。据统计,绝大多数项目面临的最大挑战之一就是项目延期,而很多项目要求最严格的便是时间。其实这符合一般认知,很多时候,项目范围可以妥协,预算可以增加,甚至某些不太关键的质量标准也并非不可以考虑。唯一不能妥协的就是时间。

不仅项目的总时间灵活性最小,其中每项活动的时间也是固定的。我们来看看项目进度计划一般是如何制定的,在定义了项目范围之后需要做什么呢?

1. 排列活动顺序

首先要创建WBS;其次需要定义活动,将活动和WBS中的工作包对应起来;再次,排列活动顺序,估算活动持续时间;最后,通过进度网络分析或者依据关键路径就可以知道进度数据是否正确,也就是项目的最长持续时间了。当然,这个过程还能得到进度基准和项目进度计划,包括项目日历及更清晰的里程碑。

通过这个过程可以发现,环环相扣,灵活性非常低。我们在排列活动顺序时通常会怎么做呢?紧前关系绘图法,这是创建进度模型的一种技术,用节点表示活动,用一种或多种逻辑关系连接活动,以显示活动的实施顺序,如图4-1所示。

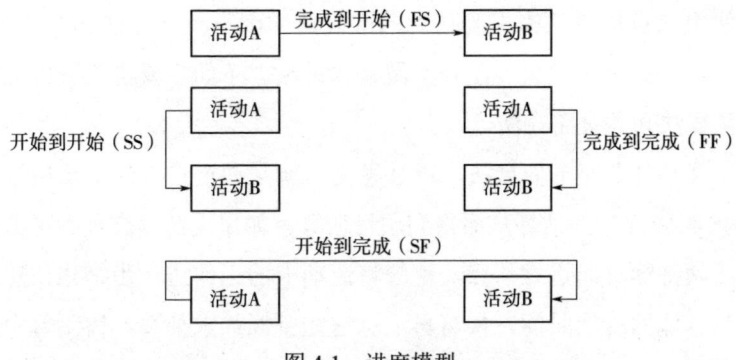

图 4-1　进度模型

比如，两个活动之间可能存在四种逻辑关系。

（1）完成到开始（finish-to-start，简称FS）。只有紧前活动完成，紧后活动才能开始的逻辑关系。例如，只有完成装配电脑硬件（紧前活动），才能开始在电脑上安装操作系统（紧后活动）。

（2）完成到完成（finish-to-finish，简称FF）。只有紧前活动完成，紧后活动才能完成的逻辑关系。例如，只有完成文件的编写（紧前活动），才能完成文件的编辑（紧后活动）。

（3）开始到开始（start-to-start，简称SS）。只有紧前活动开始，紧后活动才能开始的逻辑关系。例如，地基浇灌（紧前活动）开始之后，才能开始混凝土的找平（紧后活动）。

（4）开始到完成（start-to-finish，简称SF）。只有紧前活动开始，紧后活动才能完成的逻辑关系。例如，只有启动新的应付账款系统（紧前活动），才能关闭旧的应付账款系统（紧后活动）。

通过图4-1可以看出，活动和活动之间存在严密的逻辑关系，基本没有可以调整的空间。

2. 估算活动时间

排列完活动顺序后，再来看看估算活动时间。我一般采用自上而下估算法，如果项目中存在很多不确定性和风险，会在此基础上再使用三点估算法来提高估算的准确性。因三点估算法相对主观，受各种因素影响较大，此处不做具体讨论。下面主要讲一下自上而下估算法和关键路径法。

（1）自上而下估算法，顾名思义，就是通过自上而下逐层汇总WBS组成部分的估算从而得到项目估算。如果无法以合理的可信度对活动持续时间进行估算，就应将活动中的工作进一步细化，然后估算具体的持续时间，接着再汇总这些资源需求估算，得到每个活动的持续时间。可以看出，自上而下估算法同样是基于活动和活动持续时间来计算出项目的时间。

（2）关键路径法，主要用于在进度模型中估算项目最短工期。这种进度网络分析技术是在不考虑任何资源限制的情况下，沿进度网络路径使用顺推与逆推法，计算出所有活动的最早开始、最早结束、最晚开始和最晚完成日期，如图4-2所示。

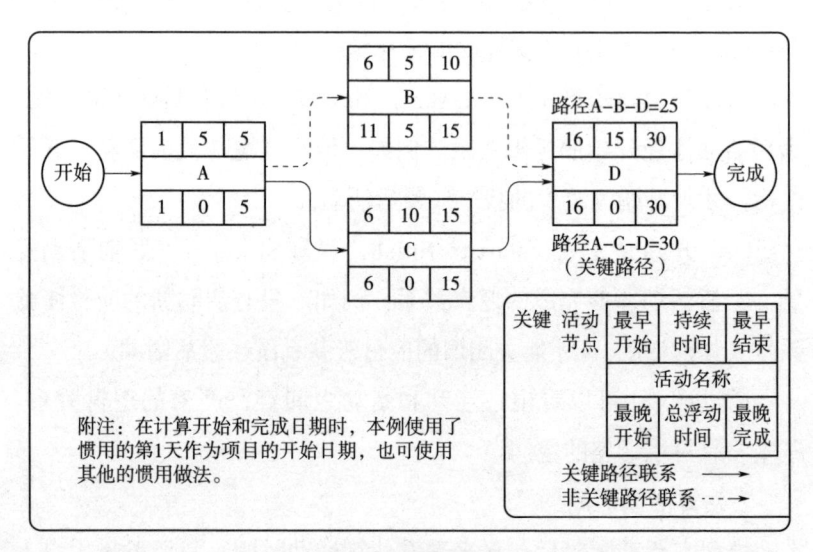

图4-2 关键路径法

可以看出，关键路径法除了可以计算出所有活动的最早开始、最早结束、最晚开始和最晚完成日期外，还能确定项目的最短持续时间。细心的读者还会发现，图4-2里活动B不是有5天的自由浮动时间吗？没错，关键路径法能够确定逻辑网络路径中进度灵活性的大小，但是不要忘记有一个前提，就是在不考虑任何资源限制的情况下。

在软件项目中，人才是最重要的资源，没有之一，而且人的不确定性因素非常大，并且随着IT行业的发展，分工越来越细，几乎没有一个人可以同时从事两种专业性非常强的工作。这一切使得时间成为项目进度计划，或者说管理中灵活性最小的因素。由于缺少灵活性，我们必须重视，不能出现问题，可谓牵一发而动全身。

4.2.2 最大挑战：速度

随着社会和科技的发展，人们对各种需求的满足要求也越来越高，速度成为能否快速满足需求的一项非常重要的因素，并且会变得越来越重要。

举个例子，两家相邻的奶茶店，在口味和价格相近的情况下，你会选择哪家？肯定是出货更快的那一家，对不对？

再举个例子，建造一艘航空母舰时，发现全行业的钢板交货期都为六周，这意味着造船时最低库存得是够用六周的钢板，否则材料就跟不上造船进度，甚至会停工，工人就会无事可干，但是工资仍照常发放，还可能延误工期。有一家公司能做到三周交货，这意味着钢板库存也减半，只需备三周的库存，代表现金流占用减少了一半，还不耽误正常造船，工人有活干，也不会延误工期。多出来的现金流，可以用来造第二艘航母，存在银行里也是有利息的。所以，时间短、速度快是这家公司的核心竞争力。

明白了时间的重要性后，回到项目管理上，传统的项目管理通常认为项目的三大要素中范围是不可变的，时间和成本是可以调整的。实际上，项目范围变更难以避免，范围一变，时间和成本都要跟着改变。

现在项目交付对时间的要求却越来越高，往往优先于范围和成本，原因通过前面的例子也说得很清楚了：时间就是金钱、时间就是价值、时间就是核心竞争力，越早交付越能帮助客户早日赢得市场竞争。

又好又快地完成，看上去似乎是一项不可能完成的任务，但这是项目经理在现代快节奏社会环境下面临的最大挑战。因此，按时完成项目是项目经理最大的挑战之一；时间是项目规划中灵活性最小的因素；而进度问题是项目冲突的主要原因，尤其在项目的后期。

4.3 造成项目滞后的原因

在众多软件项目中，缺乏合理的进度安排是造成项目滞后的最主要原因，很多时候其影响比其他所有因素加起来还要大，特别是在软件项目开发中。为什么这种情况如此普遍呢？

4.3.1 对项目范围规定不明确

准确地说，我们可能从来没有准确估算过。常用的估算方法有类比估算法、参数估算法、三点估算法和自上而下估算法。最常用也最准确的是自上而下估算法，也就是通过从上到下逐层汇总WBS组成部分的估算而得到项目估算。看到这个名称就知道估算工作既复杂又烦琐，并且还要基于范围管理中分解合理的WBS。

WBS基于什么？基于范围说明书。范围说明书又基于项目需求文件，而项目需求文件又基于项目章程、合同、相关方的期望等。是不是感觉非常复杂，逻辑关系太长，中间有一点出错，后面的偏差就会越来越大。

项目范围历来是项目经理遇到的第一个也是最大的"拦路虎"，项目进度计划的准确与否与项目范围密切相关。所以，这是造成进度安排缺乏合理性、项目滞后的第一个原因。我们采用的估算技术通常都是假设人是通用的，在软件中简单地把"人"和"月"当作可以互换的单位，这样极易造成进度与工作量相互混淆。

4.3.2 忽略专业技能和沟通成本

如4.2.1节所述，我们制订项目进度计划时常用的关键路径法，是在不考虑资源限制的前提下，当然能得出理论上的最短路径，即项目最快的完成时间。但是，软件开发并非简单的体力劳动，不是简单的工作堆砌，而是具有复杂逻辑的系统性工作，其中人是最重要、最核心的因素，特别是随着技术的发展，分工日益细化，岗位要求也越来越高。现实情况是，很少有人能够同时具备两个细分领域的专业知识并把事情做好。

比如我们要开发一个仓库管理系统（WMS），经过确定范围、WBS分解、定义活动、排列活动顺序之后，便开始估算时间，一般会如何估算呢？如张三做需求分析需要1个月，李四做设计需要1个月，王五、赵六做开发需要2个月，孙七、周八做测试需要1个月，那么这个项目最快完成时间是5个月，通常需要8个月。在许多项目经理看来，如果这项软件开发投入6个人完成时间为8个月，那么投入16个人是否不到3个月就能完成？或者让做开发和测试的人员也参与需求分析和设计工作，是否就能压缩需求分析和设计的时间呢？

这种想法在软件开发领域看似荒谬。但实际上，这种情况在软件项目中无时无刻不在发生，在我十几年的软件项目生涯中，几乎从未间断过，包括我在撰写本书时，我所在的组织也一直在犯这种错误。项目经理或者项目发起人，甚至利益相关方，从未考虑过开发人员根本就不具备设计技能，或者说他们知道，只是选择忽视，只想让项目早日交付。

除了没有考虑团队成员的专业技能之外，我们在估算时经常犯的第二个错误是忽略沟通的时间和成本。一旦某项工作被分解且需要协作，只要由人来承担这些工作，就必然需要沟通交流，这是不可避免的。

人数和时间的简单转换仅适用于工地搬砖或者田里割稻子的情况，这些极其简单的工作能够被分解且人们之间无需交流，但是这在系统性的软件开发项目中几乎不可能。当任务因逻辑上的先后顺序限制不能分解或并行时，增加人手对进度没有任何帮助。就像每位母亲孕育一个生命需要10个月，无论如何都无法改变这个时间进程。

所以，我们必须将沟通工作量和时间纳入估算中，而沟通成本又分为两部分。第一部分是培训，每个成员都需要接受技术、项目目标、总体计划及工作计划的培训，每增加一位成员，都必须重复这项工作且无法避免；第二部分是相互之间的交流，我们知道交流的通道是以成员人数来计算的，具体公式如下：

$$沟通成本 = n \times (n\text{-}1) \div 2$$

也就是说，三个人沟通的成本是两个人的3倍，四个人沟通的成本是两个人的6倍。增加人手后带来分担任务的帮助被增加的沟通工作量完全抵消，甚至还会产生很大的副作用。所以，增加更多的人手，实际上是延长而非缩短进度。

4.3.3 对估算过程缺乏耐心和信心

软件项目经理通常不会耐心地自下而上、持续耐心地进行估算这项工作。越缺乏耐心，估算出来的持续时间，以及以此为基础的进度计划就越不准确；越不准确就对自己的估算越缺乏信心，越缺乏信心就越没耐心去估算，这是一个恶性循环。

事实上，项目经理缺乏耐心，很大程度上并非不专业，而是来自发起人或者关键相关方（也就是甲方）无休止地催促和不合理的要求。

就像去餐厅吃饭，客人要求两分钟内吃到一个煎蛋，否则就去别的餐厅，厨师表示无法在两分钟内完成一个煎蛋。但是负责人不仅收了客人的钱，还亲自到厨房催促厨师。厨师怎么办？没有办法，他只能把火开到最大，去做一件完全超出他的经验和把握的事情，结果是这个蛋一面焦了，另一面还是生的。客人不仅没能在两分钟内吃到煎蛋，还浪费了很多成本。

项目经理往往为了满足甲方的期望和发起人的要求，制订不合理的进度计划。不能说项目经理缺乏勇气和坚定性，只能说现实情况使项目经理缺乏足够的方法、技能、策略来制订更优的进度计划。或者在基于可靠基础的估算出现之前，项目经理需要挺直腰杆，坚持自己的估算，确信自己的经验和直觉比其他非专业人士从各自利益角度出发而得出的结果要好。

4.3.4 对项目进度缺乏跟踪和监督

在其他工程领域，如汽车制造、建筑业等，有非常完整的质量保证体系和跟踪体系，而在软件项目中，质量是非常容易被忽视的因素。很多人认为软件不像制造汽车、建一栋楼，错了就不能改了，因为建楼不能拆了重建，所以中间会设置很多检查点，由专门人员进行检查和监督，甚至还有第三方的监理公司。

在软件开发项目中，常见的现象是在开发阶段配置一两个测试人员，甚至连专职的测试人员都没有。因为大家普遍的观念是：几行代码而已，发现不对了随时可以改。

在软件项目中，质量并不是由一个测试人员就能保证的，它是一个体系，具体内容可参考第6章的项目质量内建"七步法"。

当项目进度出现偏差时，常见的第一反应是增加人手，但这往往事与愿违。在劳动密集型行业中，人多力量大的原则看似适用，但在软件开发这类知识密集型领域，简单增加人员不仅无助于解决问题，反而可能加重延误。

项目管理是一个系统性的过程，特别是在软件项目中，进度计划是基于特定的资源和人员能力制定的。额外增加人员意味着需要重新规划整个项目，这不仅增加了沟通和协作的成本，还可能使原本有序的流程变得混乱。此外，新加入的成员是否具备所需技能及能否有效融入团队也是个问题。因此，增加人手可能会带来更多成本和问题，而不能解决进度延迟的问题。

一位优秀的项目经理应该具备的认知是：在项目进度延后时，向项目团队盲目增加人手并非解决软件项目进度问题的有效手段。

所以，"人月"看上去很美，在软件项目中，可以用来代表项目规模，也可以用来估算项目时间，甚至还能粗略计算出项目成本，但它是一个"神话"，永远无法实现。

第5章

项目成本管理：别为打翻的牛奶哭泣

我们都知道，开源节流是公司生存下去的不二法则，公司的良性发展，一是通过业务创造财富，二是降本增效。如果在项目执行过程中不控制好成本，投入产出比不高，那么公司将入不敷出，这种情况若成为常态，则不利于公司的稳定持续发展。IT项目经理需要解决的问题是：做项目的时候如何进行成本管理？

5.1 如何做好项目成本管理

项目的成本管理实际上就是在批准的预算内完成项目,具体包括项目要花费多少钱,项目中的钱如何分配。

成本控制的六大方法,如图5-1所示。

(1)定额成本法,即制定完善的人员、材料、工时定额。

(2)标准成本法,即规定直接材料、人员成本、制造费用的标准成本。

(3)目标成本法,即以完成目标售价、利润、成本为工作目的。

(4)作业成本法,即在过程中分析项目的成本对象、动因,从而进行成本估算。

(5)价值工程法,即对在建项目进行价值分析,结合未来价值确定成本。

(6)减少浪费法,即消除生产过程中的成本浪费、消除不增值活动。

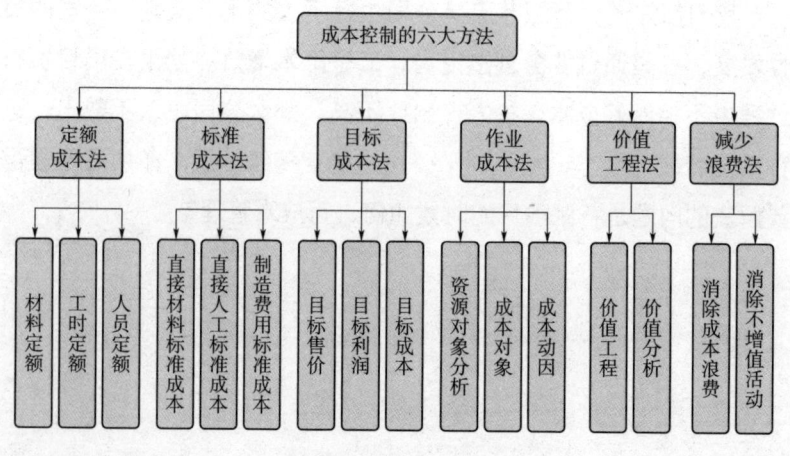

图 5-1 成本控制方法

从字面上看没有问题，但是怎么做、按什么顺序做、做到什么标准，没有具体的流程，所以即使项目经理知道了方法，也不知道如何进行成本管理。

想要对项目成本进行管理，可以借鉴PMP中成本管理的内容。它由四个过程组成，分别是规划成本管理、估算成本、制定预算、控制成本，如图5-2所示。

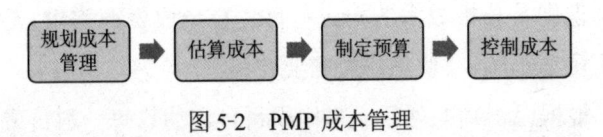

规划成本管理 → 估算成本 → 制定预算 → 控制成本

图 5-2 PMP 成本管理

这四个过程列出了先后顺序和逻辑关系，严格按照这四个过程完成，基本上就能帮助项目经理做好成本管理。

5.1.1 规划成本管理

规划成本管理的过程是为规划、管理、花费和控制成本而制定政策、程序和文档的过程，主要作用是在整个项目中为如何管理项目成本提供指南和方向。

我们在项目初期对成本进行规划时，可参考项目章程中的项目总预算，以及范围和进度基准进行，大致规划如何安排使用项目资金、控制成本。

这个过程最重要的是输出成本管理计划，它是项目管理计划的组成部分。它详细描述了项目成本的规划、安排和控制方法，并明确了相关工具和技术（例如计量单位、精确度、准确度、组织程序链接、控制临界值、绩效测量规则、报告格式、过程描述、其他细节等）。

5.1.2 估算成本

估算成本的过程是对完成项目活动所需资金进行近似估算的过

程,主要作用是确定项目所需的资金。既然称为"估算",预测出来的成本不一定百分百准确,但是利用一些科学合理的方法,可以使结果接近实际值。在估算成本时,需要识别和分析可用于启动与完成项目的备选成本方案;需要权衡备选成本方案并考虑风险,如比较自制成本和外购成本、购买成本和租赁成本等,以优化项目成本。

项目成本估算主要有以下三个步骤:

(1)识别并分析成本的构成科目,会形成资源需求、会计科目表、项目资源矩阵。(明确哪里需要花钱)

(2)根据已识别的项目成本构成科目,估算每一科目成本大小。(明确每个地方要花多少钱)

(3)分析成本估算结果,找出各种可相互替代的成本,协调各种成本的比例关系。(当存在多种花钱形式的时候,能否找出多种方案来优化成本估算)

项目成本估算主要有以下五种方法:

1. 专家判断

让熟悉项目业务流程或者项目管理经验丰富的专家,根据过往经验给出一个大致的成本预测值,以此作为参考。在时间安排紧张的情况下可选择这种方法。

2. 类比

在公司的组织过程资产或者公司之前的业务中是否实施过类似项目,若有,则相关工作所投入的资源、时间可以在该项目中借鉴。同类项目的业务越相似,估算时的准确度就越高。

3. 参数估算

将项目投入的时间、资源进行量化,在信息项目管理系统中设置相应的参数,将项目整体工作分解成活动后输入系统,根据相应参数即可计算成本。该方法依赖大量的项目工作做验证模拟,在每次项目结束后可根据实际情况对项目参数做校正。

4. 自下而上估算

利用WBS把所有项目工作分解成工作包,然后评估每个工作包的成本,再将所有成本累积计算出总和,作为整个项目的成本。在软件开发工作中一般会采用这种方法,让相关的开发团队成员参与成本评估,这样得出的结果较为准确。

5. 三点估算

该方法通过考虑估算中的不确定性与风险,使用三种估算值来界定活动成本的近似区间,然后综合计算得出最后的预测值。

(1) 最可能成本(cM):对要做的工作和相关费用进行比较现实的估算所得到的活动成本。

(2) 最乐观成本(cO):基于活动最好的情况得到的成本。

(3) 最悲观成本(cP):基于活动最差的情况得到的成本。

基于活动成本在三种估算值区间内的假定分布情况,使用公式来计算预期成本(cE)。两种常用的公式是三角分布和贝塔分布,其计算公式分别为

$$三角分布:cE=(cO+cM+cP)÷3$$

$$贝塔分布:cE=(cO+4cM+cP)÷6$$

比如下班开车回家,在不堵车的情况下用时是30分钟,堵车时120分钟,大多数情况下则是60分钟。按照贝塔分布,回家时间是65分钟[(30+60×4+120)÷6]。我们在估算成本时使用三点估算,其他估算通常使用贝塔分布来计算。

这个过程最重要的输出就是活动成本估算和估算依据。前者是对完成项目工作所使用成本的量化估算,包含直接成本和间接成本;后者是成本估算所需的支持信息的数量和种类。

5.1.3 制定预算

制定预算的过程是汇总所有单个活动或工作包的估算成本，从而建立一个经批准的成本基准的过程，其主要作用是确定可据以监督和控制项目绩效的成本基准。

需要说明的是，项目预算是项目所使用的全部资金，这是我们熟知的一个名词。项目预算和成本基准是两个不同的概念，在项目成本管理中需要注意区分二者的区别和联系。

项目预算包含经批准用于项目的全部资金。成本基准是经过批准且按时间段分配的项目预算，但不包括管理储备（管理储备是为达到管理控制目的而特别留出的项目预算，用于应对项目范围中不可预见的工作，不包括在进度基准中，但属于项目总持续时间的一部分）。

很多人不清楚成本估算和预算的关系，这里说明一下两者的联系和区别。

联系：可运用类比估算、参数模型、自下而上等工具和技术，且都是以WBS为基础的。

区别：估算成本是对完成活动所需资金的近似估算，其输出为成本估算，未得到管理层批准，估算成本的精确程度是工作包；制定预算是汇总单个活动或工作包所需的估算成本，建立一个经批准的成本基准，并分配至各阶段和时点上。在成本基准中，既包括预计的支出，也包括预计的债务。

制定预算的步骤如下：

（1）将各个活动的成本估算和应急储备汇总到工作包上。

（2）将工作包估算和应急储备汇总到更高层（控制账户）。

（3）汇总各个控制账户以形成成本基准。

(4）成本基准加管理储备得出项目预算。

项目预算一旦确定，就需要在项目管理活动中严格执行，只有经过实施整体变更控制过程的批准，才可以增加预算。

这个过程最重要的输出是成本基准和项目资金需求，前者是经过批准且按时间段分配的项目预算（不含管理储备），既包括预计的支出，也包括预计的负债；后者是根据成本基准，确定总资金需求和阶段性资金需求。

5.1.4 控制成本

控制成本的过程是监督项目状态，以更新项目成本并管理成本基准变更的过程，其主要作用是在整个项目期间保持对成本基准的维护。

事前做估算并制定预算，在项目执行时，时刻对标各项工作的资源投入。如果与计划有明显的差异，就要分析该投入是否合理，这项成本是否应该发生，是否会对整体产生影响，有没有改进的方法。

综合来说，项目经理在这个过程中需要做到以下九点：

（1）对造成成本基准变更的因素施加影响。

（2）确保所有变更请求都得到及时处理。

（3）当变更实际发生时，管理这些变更。

（4）确保成本支出不超过批准的资金限额（包括阶段活动限额和总限额）。

（5）监督成本绩效，找出并分析与成本基准之间的偏差。

（6）对照资金支出，监督工作绩效。

（7）防止在成本或资源使用报告中出现未经批准的变更。

（8）向有关干系人报告所有经批准的变更及其相关成本。

（9）设法将预期的成本超支控制在可接受的范围内。

有了前面三个过程及其输出，我们在做控制成本工作时就有了思路和抓手，这个过程主要是监督预算的使用是否符合计划。比如，由于某些原因要更新预算时，就需要了解截至目前的实际成本。只监督资金的支出，而不考虑这些支出所完成工作的价值，对项目没有什么实际意义，最多使项目团队不超出资金限额。

在成本控制中，应重点分析项目资金支出与相应完成的实际工作之间的关系。有效成本控制的关键在于，对经批准的成本基准及其变更进行管理。

项目成本管理是项目管理的重中之重，也是项目成败的关键。并且项目成本与进度、范围、质量等管理过程有着密切联系，所以要综合对待。

另外，在一些软件开发工作中，最大的成本是人力资源成本，资源的监控是成本控制的关键。项目管理人员应当有意识地记录资源的使用情况，对投入进行跟踪、复盘、预测，及时与项目启动时的资源规划做对照，同时对未来1~2周的资源投入做预测，这不仅可以有效地控制成本，还可以提高资源评估的准确性。

5.2 IT项目成本管理的特殊性

项目成本是完成项目所需全部费用的总和。一般项目成本包括项目决策和定义成本、项目获取成本、项目设计成本、项目实施成本等，其中项目实施成本是项目总成本的主要组成部分。而IT项目有其特殊性，IT项目成本是指完成IT项目所发生的全部资源耗费的货币表现。在第3.1节已解释过，为什么IT项目可被视作软件项目。

5.2.1 软件项目的成本构成

软件项目通常是技术密集型项目，其成本构成与一般建设项目有很大区别，其中最主要的成本是项目开发过程中的工作量及其相应代价，它不包括原材料及能源的消耗，主要是人的劳动消耗。

1. 基本构成项目

一般来讲，软件项目的成本构成主要包括以下七项：

（1）软硬件购置成本：这部分费用虽然可以作为公司的固定资产，但因技术折旧过快，需要在项目开发中分摊一部分费用。

（2）人工成本（软件开发、系统集成费用）：主要是指开发人员、操作人员、管理人员的工资、福利费等。在软件项目中，人工费用往往占相当大的份额，有的可以占到项目总成本的80%以上。

（3）维护成本：维护成本是在项目交付使用之后，为向客户承诺的后续服务所必需的开支。可以说，软件业属于服务行业，项目的后期服务是项目必不可少的重要实施内容。因此，维护成本在项目生命周期成本中占有相当大的比例。

（4）培训费：培训费是项目完成后对使用方进行具体操作培训所花费的费用。

（5）业务费、差旅费：软件项目常以招投标方式进行，并且要经过多次谈判协商才能最终达成协议，在业务洽谈过程中发生的各项费用，如业务宣传费、会议费、招待费、招投标费等必须以合理的方式计入项目的总成本费用。此外，对异地客户的服务需要一定的差旅费用。

（6）管理及服务费：这部分费用是指项目应分摊的公司管理层、财务及办公等服务人员的费用。

（7）其他费用：包括基本建设费用，如新建、扩建机房，购置计算机机台、机柜等的费用；材料费，如打印纸、磁盘等的购置费；水、电、燃气费；资料、固定资产折旧费及咨询费等。

2. 按性质划分构成项目

当然，从财务角度看，可将项目成本构成按性质划分为以下两种：

（1）直接成本：与具体项目的开发直接相关的成本，如人员工资、外包外购成本等，又可细分为开发成本、管理成本、质量成本等。

（2）间接成本：不归属于某个具体项目，是公司的运营成本，分摊到各个项目，如房租、水电、保安、税收、福利、培训等。

在上述成本中，最难估算的是人工成本，同时它也是IT项目中最大的成本。有人会问，软件成本最难估算的为什么是人工成本？每个人的工资应该是固定的，这有什么难估算和难控制的呢？实际上，在项目管理中，最能影响成本的是项目管理的另外两大基准——范围和进度，以及一大要素——质量。

3. 影响成本的两大基准和一大要素

项目管理中最能影响成本的两大基准指范围、进度，一大要素指质量。

范围与成本成正比关系，项目成本随项目范围的扩大而增加，随项目范围的缩小而减少。范围过小而成本很高，必然造成资源浪费，如同帕金森定律所描述的，这本来就是项目管理要消除的现象之一。而范围过大、成本很低，势必会影响项目的进度和质量，最终导致项目失败。

进度越紧，成本自然会增加。比如赶工期的时候，由于进度很紧，必然要采取一些赶工措施，如加班、使用高级材料、提高工资、外包等，这势必会增加项目成本。

质量比较容易理解，质量要求越低，项目成本越低；质量要求越高,完成项目就需要采用更好的资源,验收标准也越高,耗费的时间更长,成本自然就会越高。

4.影响成本的其他因素

软件项目也是如此,除上述影响因素外,还有六个独特因素影响软件项目成本。

(1)开发语言和规模:开发语言的选择、开发模式、系统框架的选择、代码行数、交付代码的比例等。

(2)数据库类型:数据库的选择,包括记录数及其数据量、存储过程数目、触发器数目等。

(3)系统复杂性:整个系统复杂性的级别、接口的复杂性、系统的唯一性、系统开发难度、系统接口、程序的结构、文件报告和应用程序数目、生产期人力总和、开发期人力总和、测试和验证期人力总和、生存期总时间、开发期总时间等。

(4)软件开发方法:面向问题分析法、面向功能的开发方法、面向数据流的开发方法、面向数据结构方法与结构化开发方法、面向过程方法、面向对象方法、可视化方法等。

(5)文档编写:文档类别、文档数量、文档发布等。

(6)项目配置和支持:硬件配置状态、网络运行环境、专用设备购置、配套软件外购、相关技术资料、各种通信交流支出、不可预见成本等。

以上都是影响软件项目成本的因素,这一切都是靠人完成的,所以人的劳动消耗所需的代价是软件开发的主要成本。这里的劳动不是指体力劳动,而是指脑力劳动。软件项目通常是技术密集型项目,其成本构成与一般建设项目有很大区别。我们要计算人工成本,人工成本核算需以工作量为基础,而工作量必须有明确的度量标准。

5.2.2 测量软件项目规模的方法

对于软件项目而言,一般会对软件项目的规模进行测量。软件项目规模是指开发软件的规模大小,是影响软件项目成本和工作量的主要因素。其度量方法一般有三种:代码行数估算法(LOC)、功能点估算法(FP)、PERT估算法(计划评审技术估算法)。

1. 代码行数估算法

(1) 从软件程序量的角度定义项目规模。

(2) 要求功能分解足够详细。

(3) 一般根据经验数据估计实现每个功能模块所需的源程序行数,然后将源程序行数累加起来,得到软件的整体规模。

(4) 有一定的经验数据(类比和经验方法)。

(5) 与具体的编程语言有关。

优点:①直观;②准确(在有代码的情况下);③易于计算(可使用代码行统计工具)。

缺点:①对代码行度量没有公认的标准定义;②代码行数量依赖所用的编程语言和个人的编程风格;③在项目早期需求不稳定、设计不成熟、实现不确定的情况下难以准确地估算代码量。

2. 功能点估算法

(1) 通过系统的功能数量来测量其规模,与实现产品所使用的语言无关。

(2) 对系统的外部功能和内部功能进行计数。

(3) 依据技术复杂度因子(权)对它们进行调整,得出产品规模的度量结果。

功能点计算公式为

$$FP = UFC \times TCF$$

其中，UFC表示未调整功能点计数；TCF表示技术复杂度因子。
计算UFC时，首先计算功能计数项，对以下五类元素计数：
①用户输入：由用户输入的面向应用的数据项。
②用户输出：向用户提供的输出数据项。
③用户查询：要求系统回答的交互式输入。
④外部接口文件：与其他系统的接口数据文件。
⑤内部文件：系统使用的内部固定文件。
其次对各功能计数项加权并求和，得到UFC。
计算TCF时的技术复杂度影响因素，见表5-1。

表5-1 技术复杂度影响因素

技术复杂度	影响因素
F1	可靠的备份和恢复
F2	数据通信
F3	分布式函数
F4	性能
F5	大量使用的配置
F6	联机数据输入
F7	操作简单性
F8	在线升级
F9	复杂界面
F10	复杂数据处理
F11	重复使用性
F12	安装简易性
F13	多重站点
F14	已予修改

77

每个技术复杂度影响因素的取值范围，见表5-2。

表5-2 取值范围

取 值	对系统的影响
0	不存在或没有影响
1	不显著的影响
2	相当程度的影响
3	平均程度的影响
4	显著的影响
5	强大的影响

优点：①软件系统的功能与实现该软件系统的语言无关；②在软件开发的早期阶段（如需求分析），就可通过对用户需求的理解获得软件系统的功能点数目，因而该方法能够较好地克服基于代码行的软件项目规模表示方法的不足。

缺点：①功能点计算主要依靠经验公式，主观因素较多；②没有直接涉及算法的复杂度，不适合算法比较复杂的软件系统；③计算功能点所需的数据不易采集。

3. PERT估算法

最初PERT可用于估算整个项目在某个时间内完成的概率，后来学者将其引入软件规模估计的应用中。计算方式有以下两种。

（1）一种简单的PERT规模估算技术是假设软件规模满足正态分布。软件的实际规模在 a、b 之间的概率为0.997，a 是软件可能的最低规模，b 是软件可能的最大规模，则期望规模为

$$E = (a+b) \div 2$$

（2）较好的PERT规模估计技术是一种基于正态分布和软件各

部分单独估算的技术,该技术需要产生三个规模估算量:a——软件可能的最低规模;m——软件最可能的规模;b——软件可能的最高规模。

此时的期望规模为

$$E=(a+4m+b)\div 6$$

优点:①软件系统的功能与实现该软件系统的语言无关;②可以快速估算出软件规模。

缺点:PERT估算法完全依赖专家的经验,主观因素较多。

当我们完成软件规模的估算后,就可以继续估算成本了。

5.2.3 成本估算方法

成本估算是对完成项目所需费用的估计,它是项目成本管理的核心。成本估算可以存在一些误差,估算结果可用一个范围表示。至于估算方法可以参照专家判断、类比、参数估算、自下而上估算、三点估算等方法。

由于影响软件成本的因素很多(人、技术、环境等),成本估算对于软件项目开发来说仍然是很不成熟的技术,大多数时候需要经验。就目前的实际情况来说,没有一个估算方法或者成本估算模型可以适用于所有软件类型和开发环境。

我们通过估算软件项目规模,能够得到软件项目工作量。当然,这种估算也不一定准确,但是如同成本估算的众多方法也无法准确估算软件项目成本一样,通过估算得到的软件项目规模也只是一个范围值,并不精确,但可以指明为了提供软件的功能而必须完成的软件工程任务量。

我们将这个度量单位定为:人月、人天、人年,即人在单位时间内完成的任务量。为了确定工作量度量单位,可设定一个"标准程序员"，例如具有15～18个月开发经验的程序员。

工作量不仅与规模紧密相关，还与项目和产品特性（如团队的技术和能力、使用的语言和平台、团队的稳定性、项目中的自动化程度、产品复杂性等）相关。当然，在确保不会引起混淆的情况下，工作量和规模这两个概念可不做区别。

有了工作量估算值后，就可以计算项目的人力成本了，计算公式为

项目人力成本＝项目工作量×平均人力资源单价×成本系数

平均人力资源单价可由人员的工资确定。之所以要乘以成本系数，是因为人力资源的成本要高于工资，公司除了要为人员支付工资外，还要支付各种保险金、福利费、资源消耗费等。对于软件或IT公司来说，一般成本系数是1.5～2.0。所以，最难估算的是人力成本。

5.3 理性应对沉没成本

别为打翻的牛奶哭泣（It is no use crying over spilled milk.），这是一句谚语，意思是"事情既已不可挽回，就别再为它伤脑筋了"。对于无可挽回的事物，不必再费心思去挽回，更没必要去埋怨、懊悔，最应该做的是收拾心情、重整心态、重新出发迎接新的挑战。面对错误的境况不纠缠、不较劲是一种魄力，也是一种人生智慧。我们对待工作、生活都应如此。

为了避免损失而选择非理性的行为方式，就叫沉没成本效应（sunk cost effects）。沉没成本效应表明，人们在决策时会受到沉没成本影响而产生非理性决策现象。如果人们已为某种商品或劳务支付成本，那么便会增加该商品或劳务的使用频率。

5.3.1 及时发现沉没成本

沉没成本具有只会增加、不可减少、不产生效益、不可回收等特性，因此沉没成本越早被发现、越早被处理，损失就越小。

沉没成本伴随着项目变更或失误必然会产生，所以项目经理尤其要注意变更过程中的投入产出变化。

沉没成本既可能是整体成本，也可能是部分成本，我们要知道其中的区别。这也是为什么我们说要在项目的整个生命周期中设置多个检查点，在每个检查点复盘整个项目的情况或者发现偏差、问题等。

例如，项目需要开发iOS端App，所以购买了一台苹果电脑。但由于项目变更，改为使用微信小程序作为应用平台，不再需要开发iOS端App，那么购买这台苹果电脑的钱就变成了沉没成本。

如果我们能在这个变更发生后及时变卖这台苹果电脑以获取部分价值，账面价值就不会全部成为沉没成本，只有变现价值低于账面价值的部分才是沉没成本。如果不及时处理，随着时间的推移，设备的折旧费用不断增加，沉没成本也在不断增加。

这个例子并未涉及软件开发中真正的沉没成本——技术债，因为这不是一两句话就能说清楚的，为了避免偏离主题，只用一个比较容易理解的、不涉及软件开发核心的例子，关于技术债的问题，在此不再详细讨论。

5.3.2 防范沉没成本效应

有些项目经理在面对沉没成本时，会陷入"沉没成本效应"状态。

项目经理为了避免损失带来的负面情绪而沉溺于过去的付出，对沉没成本采取了非理性的行为。这些行为可能是不断加大资源投入以挽回损失；或者因厌恶损失而迟迟不进行处理，导致沉没成本不断增加。这不正印证了"前景理论"吗？

项目经理在处理沉没成本时，要保持客观理性的状态，尽量消除因损失而带来的负面情绪，使之后所做的决策不受已经发生的沉没成本影响，从而达到及时止损的目的。

5.3.3 事先防范沉没成本的产生

沉没成本是不可挽回的，但是我们可以通过正确的方法减少沉没成本。

根据沉没成本多发生于项目变更的特点，我们可以清楚地认识到，在项目管理过程中，项目经理需要在前期做好调研、评估、论证等工作，中期做好计划、监管、调整等工作，后期做好变更和危机处理等工作。

可以说，项目经理只要尽量减少项目中变更和错误的发生，就能从源头遏制沉没成本的产生。

5.3.4 事后总结经验教训

在处理沉没成本的问题上，几乎所有有识之士都达成了及时止损的共识。但仅有止损的想法还不够，我们还要对过往的沉没成本进行经验教训的总结。

牛奶被打翻后虽然无法挽回，但是我们应该弄明白牛奶为什么会被打翻，以后如何避免牛奶被打翻。其实，处理问题最好的办法是进行根本原因的分析，识别问题的根本原因并解决问题，消除所有根本原因就能杜绝问题发生。

沉没成本并非如一些人所认为的无关紧要，但也不应将其视为洪水猛兽。沉没成本在项目管理过程中就像变更一样不可避免，只有用科学的思维分析它，用正确的态度对待它，才能更好地管控它。

第 6 章

项目质量管理：铸就精品的基石

在软件开发领域，质量并非终点而是贯穿始终的过程。本章探讨了软件质量的本质及其三个层面：符合规定标准、满足用户需求及超越期望。深入分析软件质量形成的过程，涵盖从需求分析到持续集成，再到测试先行、重构、代码回顾、代码共有及将代码视为文档的实践。这些步骤共同构成了软件质量内建的"七步法"，旨在帮助项目团队打造高质量的软件产品，实现真正的价值交付。

6.1 软件的质量到底指什么

质量是个抽象概念，软件质量亦是如此，因为软件本身就是一个比较抽象的概念，更何况是两者的叠加。当软件质量控制得较好时，我们很难察觉到它的存在。比如每天正常使用的办公自动化（OA）系统、钉钉、企业微信、淘宝、美团等，我们感觉不到软件质量的存在。而当软件质量控制不佳、频繁出现缺陷（BUG）时，你就会格外敏感并且这些情况会影响心情。想象一下，当你卡着上班点准备打卡时，发现软件定位不准确；当你中午等外卖时，订单位置出现问题；当你使用OA时，工作审批流程出错了……如果你不幸在同一天遇到所有这些事情，估计离崩溃不远了。

软件质量体现在每一次需求讨论、每一个设计考量、每一行代码的编写、每一次项目的测试中……软件质量除了是一个抽象概念，还是一个相对概念，质量的好和坏没有绝对标准，只有相对性。

好比安全感，大家都知道在家里比在马路上安全，但这是一般情况，在发生某些小概率或者特定事件时，比如地震，空旷的马路就比楼房安全。软件质量也是如此，质量的好坏取决于使用场景、特定行业和针对的用户群体。也就是说，是否满足这部分特定用户对软件的需求。

6.1.1 软件质量包含的层面

基于上述软件质量的两个特性：抽象性和相对性，以及我们所举的两个例子，可以得出软件质量包含三个层面。

1. 满足软件质量规定

软件必须符合从软件内部结构衡量软件质量的一系列标准、规范及公认应具备的特性。

我国将影响软件质量的主要因素划分为六个特性：功能性、可靠性、易用性、效率性、维护性与可移植性。其中，功能性包括适合性、准确性、互用性、依从性、安全性；可靠性包括容错性、易恢复性、成熟性；易用性包括易学性、易理解性、易操作性；效率性包括资源特性和时间特性；维护性包括可测试性、可修改性、稳定性和易分析性；可移植性包括适应性、易安装性、一致性和可替换性六个特征及若干子特征。也就是说，软件质量在第一个层面必须符合上述标准、规范和特性，即软件质量模型。

2. 满足用户需求

软件产品的需求源于用户，软件的最终目的是满足用户需求，解决用户的实际问题。这个层面更容易理解，软件开发出来是为了交付给用户使用的，如果不能满足用户需求，这个软件产品就没有存在的意义。也就是说，软件产品及其功能必定是为满足部分用户需求而开发的，所以是否符合用户需求也是衡量软件质量好坏的重要标准之一。

很多人认为，既满足了软件质量的标准和模型，又满足了用户需求，开发出来的软件质量一定非常好。在我看来，满足了前两个层面开发出来的软件，质量只能算及格，不算太好，但肯定也不算差。

3. 满足用户的期望（隐藏需求）

如果能够满足用户的隐藏需求，通常会极大地提升用户满意度，也就意味着软件质量得到极大提高。

举个例子，最早外卖软件下了订单后的状态只有文字信息，如已下单、待制作、配送中等，但这是用户想看到的吗？显然不是，用户不仅想看到订单状态的变化，更希望全程看到自己订单的配送过程。那么，当某个外卖软件上线了基于定位服务（LBS）的配送地图功能后，用户反馈非常好，都觉得这款外卖软件非常棒。

之前，我们为某个公司开发了一套OA系统，申请某个业务的时候需要填写一个表单，客户提出希望把这些数据加密。开发人员就开始讨论，用什么加密技术、中间的密钥如何设计、怎么解密，由于业务流程复杂，导致频繁加解密，不仅严重消耗资源，每次涉及数据的增删改查时速度都特别慢，经常无响应，用户感觉我们的软件质量特别差。

确实，我们从功能层面满足了用户的需求：数据保密。但是仔细想一想，这真的是客户需要的吗？其实，他们只是需要一个权限功能而已，不同的人只需要看到不同的信息就行。而存储在数据库中的数据，因为并不是人人都要查看，可以从行政方面解决这个问题，完全没必要投入大量的时间和人力去做一套莫名其妙的数据加密系统。所以，满足用户的隐藏需求、达成用户的期望是提升软件质量不可或缺的一环。

6.1.2　从关注结果到关注过程

很多时候，IT项目经理负责开发一款软件时只关注最后的结果，即交付的软件是否能够通过质量审查，会不会影响项目验收。但结果并不尽如人意，至少我经历过的几百个大大小小的项目大概率是这样的：只关注结果的时候，结果往往不太好。

为什么会这样呢？我曾经仔细思考过这个问题，最终找到了答案，那就是我们不仅要关注结果，还要关注过程，因为在这种环境下，好的过程必然产出好的结果。

项目经理应该对五大过程组及其对应的49个过程非常熟悉。可以说，通过学习PMP的知识体系，我们知道如何通过启动过程组、规划过程组、执行过程组、监控过程组、收尾过程组这五个过程组去管理并完成一个项目。

PMP是公认的"适用于绝大多数项目场景的良好实践"，可以说，能够非常好地指导一名项目经理如何交付好项目，而最重要的就是通过一个个过程，保证项目的最终目标能够达成。

项目质量管理也一样，过程非常重要。因为除了项目管理本身就是由一系列的过程组成的，软件的开发直至交付本身就是一个过程，如图6-1所示。从最开始的一个想法，或者一个业务痛点开始到最后一个成型的软件产品，中间会经历很多活动，包括但不限于以下活动。

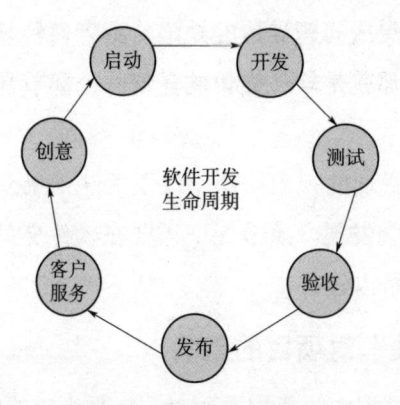

图 6-1 软件开发生命周期

我们可以看到，软件交付实质上是一个复杂的团队工程活动，包含多个交付活动，活动之间存在极强的关联性，上游不合格的工件很可能成为下游工序的阻碍，也有可能某个工件流经了好几个环节之后才被发现有缺陷，以至于返工。同样涉及多个角色，角色之间需要沟通，角色之间又由于成长环境、教育背景、工作经历、思考习惯等的差异导致认知上的差异。

对应软件开发生命周期，我们可以看到如下软件质量形成过程。质量在开发的各个环节一步一步建立起来，每个环节都有可能直接或间接地产生缺陷。根据业务痛点或诉求、精准的产品定位、正确的需求分析、完备无误的需求实现、全面细致的需求测试等活动，才能构建出一个高质量的产品特性。

在交付中，由于人的认知偏差免不了导致主观或客观的失误，例如具备业务可行性但不具备技术可行性的需求，半年前设计的不具备可扩展性的架构导致性能问题，由于单元测试缺失或不足导致在新特性开发过程中对原有特性造成的破坏。按照来源分类，缺陷通常会有：需求问题导致的缺陷、架构问题导致的缺陷、设计问题导致的缺陷、编码问题导致的缺陷、测试问题导致的缺陷、发布问题导致的缺陷、集成问题导致的缺陷。不管何种开发模式，我们都必须认清一点，那就是软件交付的任何一个环节都有可能引入产品缺陷。

从项目质量管理的视角，从不仅仅关注结果到还需要关注过程的时候，我们就会发现，质量保证需要在软件交付的每一个环节中做到，也就是质量内建。

6.1.3 "技术债"对项目的影响

在关键开发过程中，我们要面对一个最头疼的问题——技术债。

可能有人会有疑问，技术还有债？比如，在软件开发中经常采用一些并不合适的架构设计；编码过程不够规范、不写注释；经常编写一些硬代码，绕过难题采用一些变通方法、遗留缺陷；测试覆盖率不够，过于依赖手工测试，缺乏集成和版本管理；缺乏相应经验却硬着头皮开发……这些都是技术债。

也许你也曾是增加技术债的一员，也许你还没有认识到这是一种债务。但是你听说过"祖传代码""屎山"这类戏称吧,这就是技术债增加到无法偿还的地步后的必然结果,就像经济债务,爆雷以后就难以翻身了。软件开发也是如此,没人愿意去清理这堆"垃圾"。

技术债的爆发不可预期,因为技术债的一个重要特性就是它的增长方式是非线性的。可能在原来的债务基础上再增加一丁点技术债,就有可能超过那个"临界点",债务就会爆发,项目也就变得不可管理,整个团队会陷入混乱。这种不可预测的非线性债务对项目来说是一个非常大的风险点,因为我们不知道最后一根稻草什么时候会压垮骆驼,一旦发生,后果不堪设想。

同样,这些债务还会带来大量的BUG,这些BUG盘根错节、相互影响,而我们为开发后续的新功能不得不修复之前的BUG,而修复这些BUG就会占用大量的人力和时间,从而严重影响开发计划,降低开发速度,导致效率急剧下降,直至进入"死亡行军"的两难境地。

我们不得不修复的BUG会使开发成本和时间急剧上升。然而,在项目中通常面临固定的时间和成本,这就会影响项目的范围。也就是说,当我们无法避免项目成本和时间的急速增长时,很多项目经理就会在项目范围上动脑筋。比如减少需求,因为有些功能可以不做,把有些代码"写死"(指硬代码,意思是本来应放参数,按照传进来的参数计算,但实际写成如1、2、3的具体数字,所以我们一般口语叫作"写死"),反过来又会增加技术债,还会使项目最终交付的功能减少,引起包括甲方在内的各个相关方的不满,甚至还会引发争议,简直就是一场灾难。

随之而来的是,项目会越做越差,因为项目已经陷入"失控"状态,这时候无法以任何形式进行预测。人们对结果无法预期,会越来越焦虑，团队氛围也会越来越紧张，导致团队成员的表现也越来越差。此时，项目经理已经很难再管理团队了，挫折感四处弥漫，很多人会考虑如何离开这个团队。而项目的负责人，只能日复一日、周而复始地硬着头皮应付，精疲力尽，直到耗尽所有人的信任，成为最后的"背锅侠"。

6.2 质量内建"七步法"

质量不是测试出来的，而是内建出来的。我认为，一个好的过程必然会产生一个好的结果。质量也是如此，一个好的质量保证体系必然会产出一个好的质量结果。质量内建要求软件生命周期中涉及的所有角色对软件的实时质量负责。那么，我们要如何内建质量呢？我总结了以下七个步骤。

6.2.1 需求分析

需求分析是项目经理和团队之间持续对话的过程，也是用户故事和验收标准的基础。而澄清用户故事和验收标准是确保质量的最重要手段之一。

同时，我们还要明白验收标准不是合同，用户故事也不是文档，它们最重要的作用是沟通，是项目经理用于与项目团队之间沟通的重要工具，有时也是与相关方沟通的内容之一。

需求分析是质量内建的开始。我们都知道，输入是"垃圾"，输出必然也是"垃圾"。所以，没有对需求的充分分析和沟通，就无从谈起质量。在澄清需求时就要以终为始，确保输入需求的质量。

为了确保输入需求的质量，我们需要注意以下三点：

（1）解释清楚业务目标，即价值。换句话说，我们能够解决用户或业务的哪些问题。

（2）操作和业务流程。为实现上述目标，需要系统支持哪些用户操作？这些操作的流程是什么样的？

（3）业务规则。每个操作步骤对应的业务规则是什么？业务规则转化为验收标准。

需求不是文档，而是用户的价值。只有从价值出发，逐层分解，从业务到实现充分沟通，才能保证后续交付的质量。

6.2.2 持续集成

敏捷方法的创始人之一马丁·福勒对持续集成的定义是：持续集成是一种软件开发实践，在实践中项目成员频繁地进行集成，通常每个成员每天都会做集成工作，如此，每天整个项目将会有多次集成。每次集成后都会通过自动化构建（包括测试）来尽快发现其中的错误。

简而言之，持续集成是一种软件开发实践，即开发团队成员经常集成他们的工作。其实，这也是软件开发从业者工作和生活的一部分。我在项目中也会这么做，每个成员每天至少集成一次，这意味着每天可能发生多次集成。但是每个程序集都通过自动构建（包括自动编译、发布和测试）来进行验证，所以不会占用太多的时间，反而可以尽快检测到集成错误。慢慢地，你会发现这个过程大大减少了集成问题，使团队能够更快地开发内聚的软件。

持续集成是质量内建的重要实践之一，因为它能给我们非常及时的质量反馈。集成越频繁越能更早地在代码中检测到问题。但是这个过程中有一个问题无法避免，因为频繁的集成意味着有很多连续的、可重复的工作。我们如果用人工肯定是不行的，效率低、成本高，而且时间也不允许，所以在持续集成的工程实践中必须实现全过程的自动化。

这项工作的自动化远比人工的手动操作可靠。作为软件开发从业者，代码就是我们的工具和武器。在自动化可行的情况下，应以自动化的方式来实现，以减少人为错误造成的缺陷，腾出精力和时间专注于更有价值和创造性的任务。

6.2.3 测试先行

质量不是靠测试出来的，没错，那为什么要等到完成后才去测试呢？为什么不能让测试先行呢？也许在其他行业这就像天方夜谭，产品都没有，拿什么测试呢？但是，在软件开发中是可行的，不仅可行，而且有很多非常好的方法。比如测试驱动开发（test-driven development，简称TDD），它是极限编程（extreme programming，简称XP）的一个重要组成部分。同时，它还是一种设计方法论。其基本原理是在编写功能代码之前，先编写单元测试用例代码，由测试代码确定需要编写哪些产品代码。

TDD虽是XP的核心实践，但它不仅适用于XP，还适用于其他开发方法和过程。TDD主要有以下四个优点。

（1）能够澄清需求。因为测试先行，所以测试用例是根据需求而非代码来设计的。模糊的需求无法编写测试用例，必须事先予以澄清。

（2）能够避免过度设计。根据测试用例只编写能通过测试的代码，多余的代码一行都不写。

（3）测试用例实际上就是最好的代码注释，可避免没有注释或者文档，以及文档或注释过期的问题。

（4）与代码一同提交的还有一个测试用例集，保障了将来重构和代码冲突时的安全性。

我们可以发现，上述优点都是对质量的有力保证。

验收测试驱动开发（acceptance test driven development，简称ATDD）是在TDD基础上发展而来的。ATDD解决了TDD在实践中遇到的一些实际困难，如工期紧张、单元测试耗时较长等。在代码层面，在编码之前写测试用例代码就是TDD；而在业务层面，在需求分析时就确定需求（比如用户故事）的验收标准，这就是这里所说的验收测试驱动开发。从需求的角度准备验收标准和测试用例，同样确保了早期开发中的高质量。

行为驱动开发（behavior-driven development，简称BDD）可以看作ATDD的实例化，只是BDD更强调用户的视角、用户的行为和应用场景，为ATDD注入了"Given、When、Then"这种特定的需求描述语言。这与敏捷方法的用户故事极为吻合。

TDD在编写测试用例时，经常会问"我们应该先测试什么"，然后根据测试条件编写代码；而BDD试图以另一种方式思考这个问题，会问"期望的行为是什么"，可以编写出更好的结构化代码。最后，我们可以通过BDD更好地了解客户的需求，并通过了解客户的不同行为来逐渐加深对客户需求的理解，进而驱动软件开发。

6.2.4 重构

马丁·福勒在《重构：改善既有代码的设计》一书中将重构定义为："在不改变代码外在行为的前提下对代码做出修改，以改进代码内部结构的过程。"

为什么要修改正在正常运行的代码结构呢？福特汽车的创始人亨利·福特有句话："如果东西没有坏，就不要去修理它。"

重构的目的是随时清洁代码。我们不希望技术债堆积起来。我们希望以最小的努力就能够扩展和修改系统。敏捷开发的原则之一是在每次迭代中提供可用的用户功能，以便更快地获得用户反馈，然后根据实际数据和反馈不断改进。

这同样适用于需求和代码。代码除了能够稳定运行现有功能外，还必须足够健壮，以便随时应对变化。如何保持代码的活力？重构是我们唯一的选择，同时也是消除技术债的有效途径。

当然，重构并不是能轻易做出的决定。项目经理要明白重构同样意味着需要额外的人力和时间，这就是成本。在重构之前，首先要检查是否有一套可靠的测试机制。

6.2.5 代码回顾

代码回顾的必要性和重要性无需更多证明，其好处也不存在争议。代码评审不仅是确保质量的一种重要手段，也是一种很好的知识共享方式。那么，如何保证代码回顾的质量呢？

（1）在团队技术能力的不同阶段采用不同的代码回顾策略。如果团队稳定，对编码规范掌握良好，且熟悉使用的语言，那么代码评审可以集中于业务逻辑上；如果团队是新组建且处于磨合阶段，则可能需要更多关注编码规范；如果团队刚刚更换了一种新的编程语言，那么语法本身也可能是代码评审的重点。

（2）不同的业务阶段需要不同的代码回顾策略。例如，面向企业（to B）的业务在稳步推进时，代码审查可能需要更加谨慎和严格，以确保代码的质量、可读性和可维护性；而在互联网行业，技术负责人必须在业务发展的早期阶段或快速试错阶段平衡代码审查的强度和业务交付的压力。

团队内还需要秉持开放的心态和文化。要让团队明白，代码回顾不是设置障碍，而是一个基本的质量保证过程，也是一个相互学习的过程。在此过程中，我们需要就编码规范达成共识，避免因编程习惯而产生不必要的误解。

控制每次代码回顾的代码量。如果一次提交大量代码进行代码回顾，协助代码回顾的人很难一次性抽出这么多时间，而且很容易遗漏关键点。同时，提交代码的人必须在提交说明中明确提交代码的目的：它实现了什么功能？进行了哪些优化？修复了哪些漏洞？这样，代码回顾者就可以有一个明确的目标，并理解代码更改的上下文。

（3）为了使代码评审成为一种习惯和工作的一部分，有必要确保代码回顾者有足够的时间，因为每个人在迭代中都有自己承诺的任务。

只有在保证代码回顾时间合理的情况下，代码回顾才能作为日常任务进行。这时，就可以将代码回顾作为"完成定义（DoD）"的一部分。

6.2.6 代码共有

在建立了良好代码回顾的基础上，我们就可以尝试代码共有制。代码共有是共享和进步精神的体现，这意味着每个人编写的代码都属于团队，每个人都可以修改任何代码。

集体所有权鼓励每个人为项目的每个部分带来创新。任何开发人员都可以修改任何代码来添加新特性、修复缺陷、改进设计或重构。因此，没有人会成为瓶颈，团队也会更加透明。

如果没有代码的集体所有权，很难高效地修改和重构代码，甚至会出现重复代码，增加技术债，破坏代码质量。

代码共有增强了团队对代码的所有权和主人翁精神，所有成员都要对代码负责，他们互相监督和共享信息。在一个代码共有的环境中，没有领导，没有权威，一个公平和开放的环境使我们能够回归最本质的工程师文化，质量由此而生。同样，代码共有也是一个自组织团队的重要标志之一。

6.2.7 代码即文档

"代码即文档"是诺基亚曾经采用的一个工程实践，这同样符合"敏捷宣言"中的"工作的软件高于详尽的文档"。把代码作为主要文档的原因是，代码是唯一能够以足够详细和准确的方式执行该角色的事物。尤其是在敏捷开发中，文档的地位变得越来越不重要（尽管敏捷从未说过它是不必要的）。但我们必须承认，不完整、过时和不正确的文档可能误导我们的开发和维护工作，导致不必要的缺陷和浪费，因为这也是我在项目中经常遇到的问题。

同样，包括注释，如果程序员在不修改注释的情况下直接修改代码，可能会导致很多麻烦。如果出现问题，很难确定是代码逻辑错了，还是注释过期了，尤其是在"祖传代码"中，这种情况屡见不鲜。所以，将代码用作文档可以让我们有更清晰的视野，因为有一个唯一的质量标准：可运行的代码。

为了保证"代码即文档"，开发人员需要在保证代码的整洁和可读性上下功夫，必须努力确保代码干净易读。同样，项目经理要做好项目监督工作。

关于软件质量，要始终坚持：软件质量不是测试出来的，需要对整个软件项目的流程进行构建，以及建立质量保障体系。构建质量体系才是提升软件质量的核心部分。而构建质量体系一定是内建的，依照以上七个方法，一定能够控制好软件项目的质量。

第 7 章

伟大的计划
需要伟大的团队

  团队的成功不仅取决于技术实力，更在于成员之间的信任、目标的一致性和团队文化的建设。通过透明沟通、培养成员的自我驱动力、营造协作氛围和领导者的公正无私，我们可以构建一支不仅能完成既定目标，还能不断自我超越的卓越团队。在IT行业，这些原则尤为重要，因为技术的快速发展要求团队必须灵活适应、高效协作。我相信，只要遵循这些原则，无论是初创公司还是大型组织，都能打造出一支高效的项目团队。

7.1 别把团队管理成团伙

一群人在一起开展项目工作，不同的项目经理会使这群人有不同的工作表现。有些队伍有很强的执行力和浓厚的团队精神，而有些却缺乏整体凝聚力，各自为政，一遇阻力就陷入无休止的内耗，举步维艰。通过对比这样不同的队伍，我们发现有的是一个"团队"，有的却是一个"团伙"。那么，团队和团伙存在以下几方面区别。

7.1.1 统一的目标

项目具有临时性的特点，这导致项目团队最终要解散。但是，在最终交付项目成果之前，全体项目成员都应该有且只有一个目标，那就是完成项目目标。在此大目标的前提下，个体利益要让步。而团伙则刚好相反，在个人目标和集体目标冲突时，集体目标会让步。并且，在最终完成项目目标之前，项目团队的目标不会改变，这使得团队的短视行为较少，我们根据项目管理计划按部就班地进行项目工作，速度或许有时较慢，但稳健有力，求大同存小异，每个成员为了共同、明确的目标紧密团结，贡献自己的力量。而团伙的目标往往会因为某个人而发生巨大改变，每个人都盯着眼前的一点利益，某些人在没得到眼前那点利益时马上就撂挑子不干，或者出工不出力，每个人目标都不一致，结果就是生产效率骤降，最终导致队伍瘫痪，队伍就变成内部不存在任何逻辑结构和关系的混乱组织，这就是团伙。

7.1.2 成员间的信任

项目团队的成员彼此信任、技能互补、团结和谐，他们相互坦诚，敢于承诺和相互托付，这使每个人在团队中都有安全感，因为大家始终相信，每个人的工作都是他在当时的条件和环境下所能做到的最出色的表现。而团伙中的成员缺乏这样的信任基础，因为每个人都在为自己的目的和利益算计着，一旦有机会，就会通过损害他人来充实自己。

7.1.3 团队的章程

团队章程是团队创建团队价值观、共识和工作指南的文件，它包含团队价值观、沟通指南、决策标准和过程、冲突处理过程、会议指南、团队共识。团队章程明确了项目团队成员的行为准则，比如行为规范、沟通、决策、会议礼仪等方面。借助所有团队成员都认可并遵守的这些明确规则，我们能够减少误解，提高生产力，还能帮助我们了解彼此重要的价值观。团队章程并不是由某个管理者制定，而是由全体团队成员参与制定，这样就可以取得最佳效果，所有项目团队成员都分担责任，确保遵守团队章程规定的规则。团伙则没有一致的价值观，更没有团队章程、沟通标准、团队共识，几乎是一个人说了算。团伙是人情至上，拉帮结派，以自己或者小圈子的利益为先，彼此只有相互利用，精力多放在研究人的远近亲疏，研究在队伍中如何站对行列，风吹草动时自己如何应对。

7.1.4 明星团队而非明星个人

项目经理应依靠和信任项目团队。项目工作复杂且细分，工作通常需要团队成员通力合作、相互协助，才能取得良好的整体绩效。人与人之间的智商并没有天才与笨蛋那般悬殊的差异，绝大多数人都处在同一水平线上。只不过在团队中,你擅长这一方面,而他擅长另一方面。不要以为自己在某方面优秀就自认为一枝独秀,像个明星,这样的人在团队中是不受欢迎的。项目团队中的各种统一目标、价值观、相互信任的氛围及团队章程,都确保团队中不会出现明星个人。而团伙不仅具备产生明星个人的土壤,很多时候甚至要依靠明星个人才能存在。每个人都想站在顶端,于是互相打击、压制,一旦遇到问题,"不作为"就成为保护自己的最好办法。

总而言之,团队 1+1>3,团伙 1+1≤2。团队力量方向一致,能形成叠加,快速前进;而团伙力量方向各异,相互抵消,大多是急速递减,甚至可能倒退。

简单聊完团队和团伙的区别后,让我们回到项目团队管理这个主题。项目团队管理,顾名思义,就是根据项目需求规划并组建项目团队,然后对团队进行有效的指导和管理,保证其能完成项目任务,实现项目目标。

项目团队由为完成项目而承担不同角色与职责的人员组成。项目团队成员可能具备不同技能,可能是全职或兼职的,可能随项目进展而增加或减少。

需要注意的是,项目管理团队是项目团队的一部分,负责项目管理和领导活动,如项目各阶段的启动、规划、执行、监督、控制和收尾。当然,一般在小型或者简单项目中,项目管理团队仅有项目经理一人。在大型或复杂项目中,项目管理团队还包括项目管理委员会、变更控制委员会、项目管理办公室等。

项目经理具有领导者和管理者的双重身份。对于大型或复杂项目,领导能力尤为重要。领导者的工作通常涉及三个方面:确定方向、统一思想、指导、激励、鼓舞和带领团队;领导者关注愿景、设定目标，激发信任和创新，保持建设性，确保做正确的事；而管理者负责实现某个目标，关注结果，依靠管理和控制，确保正确地做事，解决问题和关注近期目标，持续为相关方创造他们所期望的成果。

7.2 IT项目团队的特点

IT项目中最重要的是软件，可以说IT项目几乎就是软件项目。说到软件开发，很多人认为就是程序员写代码。其实不然，在一个完整的软件项目中，并非只有程序员这一岗位，还有需求分析岗、测试岗、架构设计岗、数据库设计岗、原型设计岗、用户界面（UI）设计岗、文档编写岗、运维岗、现场服务岗、技术咨询岗等。就算是开发岗位，也分为前端和后端、服务器端和移动端，各种语言也对应不同的开发岗位，如果不了解团队、岗位和员工的特点，很难做好管理。那么，IT项目团队的主要特点是什么呢？

7.2.1 高学历、知识密集

IT技术从业人员大多为高学历，他们组成的知识密集型团队。从学历上看，在一、二线城市以本科和硕士为主，博士较少，专科占小部分。从趋势来看，在外企和大中型公司，专科毕业生入职的机会越来越少。很多专科朋友得不到面试机会，进入IT技术团队的机会自然就少了。不过，在不少创业公司，英雄不问出处，学历并不重要，把工作做好就行。

7.2.2 技术立身

胜任技术工作是员工获得工作机会的首要要求。在IT技术团队中，大家以技术立身。每个团队都设有基本的技术要求门槛，如果没有达到要求,即便进入了也难以融入团队。技术能力是一个人在技术团队中影响力的基本决定因素之一,即便身为管理者,也需为技术人才。

如果员工的技术能力没有达到团队要求,职位的权威性将大打折扣。如果团队或公司的技术水平没有达到员工的期望,使员工觉得没有什么可学,也会在很大程度上影响员工的稳定性。

7.2.3 人际关系相对简单

在IT团队里,人际关系较为简单。回顾我们自己经历过的团队,以及身边朋友所在的团队,虽然成员之间也会产生摩擦,但技术团队内成员的相处相对容易,没有那么复杂。大家都是以从事技术工作为主,可以就事论事,即便观点存在分歧,也大多局限于对具体技术细节问题的理解上。

客观上说,IT技术团队内部也存在所谓的"办公室政治"与"江湖",但相对来说仍较为简单。因为技术人员不会将大部分精力放在这个方面,他们崇尚"工程师文化"。

7.2.4 需要较高的自由度

IT团队成员需要较高的自由度。完成工作后,他们希望能做些自己想做的事情,而不是受到诸多限制。若其在自由度方面的需求没有得到满足,就会对管理者心生不满。通常,这种不满不会直接表现出来,但会影响他们对管理者和团队的看法,甚至有人会因此离职。所以,有些管理者或许出于好意,制定了诸多规章,比如禁止工作时间上网等,但是收效甚微,甚至事与愿违。《人件》一书中指出,经理的职能不是强迫人们工作,而是让人们自觉地工作。我认为这句话很有道理。

在工作自由度方面,员工期望能按照自己的方式完成工作。一般来说，技术团队成员赞同如下观点："我完成工作就行，别管我如何完成的。"这并不意味着员工不服从管理，只是说明他们有这方面的期望。员工固然应适应管理者的管理风格，但是管理者也应对员工在工作自由度方面的期望有所了解并适当满足。并不是员工所谓的"自己的"方式就是最好的，部分员工的工作方法有待改进，所以管理者需要加以甄别。

说到自由度，不得不提一个在互联网上广为流传的小故事，这里以某公司代称。某公司是知名的互联网公司，一直奉行硅谷的管理理念，实行弹性工作制，技术人员尤其不需打卡上下班。众所周知，北京交通拥堵状况较为严重，特别是上下班高峰期。因此，不少员工主动避开上下班高峰时间，选择自己认为更合适的上班时间段。从另一角度来说，技术人员的工作时长往往超过8小时，很少有一到下班时间就能走的，所以在无法让员工按时下班的前提下，员工自行选择晚点上班也算公平，公司并不会因此受损。

但是从某个时间点起，这家公司为规范管理、严格考勤，对技术人员也开始实行打卡制度。消息一出，技术部的员工情绪波动很大，表示不满。部分员工对此表示无法理解，进而选择跳槽。竞争对手公司迅速行动，加快吸引该公司的人才。优秀员工跳槽后，薪资普遍增长，涨幅有的达到50%甚至100%。对于因放弃期权而遭受损失的员工，竞争对手公司也给予一定补偿。

事后有分析人士称，"打卡事件"中打卡只是外在表象原因，内在的主要原因是该公司上市失败，团队士气受挫，这也体现了IT项目团队的下一个特点。

7.2.5 对职业发展抱有较高期望

IT团队成员都可以归为高学历白领，在竞争压力较大的背景下，他们对职业发展有着自己的见解和较高的期望。虽然公司支付的薪水对每个人都很重要，但是能否从当前项目工作中有所收获，进而提升自己的能力，是否有发展空间，从项目工作中获取的经验是否有助于自己的职业发展，这些也都是员工决定是否继续留在一个项目团队，甚至是否愿意继续为一家公司效力时非常重要的考量因素。

"没有发展前途"是IT团队成员离职的主要原因之一。

7.2.6 敏感、流动性大

IT团队成员由于学历高、具备技术能力、凭技术立身，信息来源广泛，所以对公司内外的变化较为敏感。一般来说，在一家IT技术公司，流动性最大的是技术团队，最先离职的也是技术团队成员，要培养技术团队及其成员对公司的忠诚度并非易事。但话说回来，从员工角度来看，频繁跳槽是职业发展的障碍。如果一名员工没有和负责人共同经历过风雨，那么获得高级职位的概率也较低。实际上，从外部招聘的高级职位很少。即便招聘，数量也不多，应聘难度也较大。

这些不仅是IT项目团队成员的特点，也是技术团队普遍具有的特点，是项目经理无法改变的，只能去适应。在进行管理时，应当顺应这些特点，避免产生一些基本层面的冲突。除此之外，在项目中我们要注意IT项目团队非常注重自我，需要给予足够的尊重并下放权力。

在软件项目的不同阶段，团队成员会因不同原因存在不稳定性，这时我们就需要运用塔克曼阶梯理论，在不同阶段做好相应的工作。比如在形成阶段需采用命令式领导，在震荡阶段采用教练式领导，进入规范阶段则采用参与式领导，进入成熟阶段通常要做的是授权,进入解散阶段,需要进行最后的收尾把关,便又回到命令式领导。

团队成员的业绩难以量化考核,针对这一点,在制定项目范围管理和项目成本管理时需要把工作做扎实,将WBS分解得足够细致,这样每个人的工作就会清晰明确,业绩也就容易量化,便于考核。

7.3 如何打造一个高绩效团队

对于如何打造一个高绩效团队,每位项目经理都有不同的见解,不同的组织、公司文化、行业,甚至不同的区域都有各自的经验总结,在这里我结合敏捷理论、原则和价值观,以及自己的实际工作经验来分享一下我的经验。

记得我刚成为管理者时,就陷入了一个误区。那段时间,为了让项目团队成员支持我,我不敢给大家分配困难、辛苦的任务,宁愿自己承担;团队成员违反了规则,我也不好意思轻易指出和批评,只选择说一些正面鼓励性的话语,甚至对于工作业绩不好的人也不敢严厉批评。我相信,这也是很多新手项目经理都会犯的错误。

我印象最深刻的一次是在一个家英国公司做的一个项目,当时开发OPA百货中国首店的收银系统,因为合作的都是大型跨国公司,硬件由东芝公司提供,对接的甲方也都是刚从日本直接派来中国,极难沟通。当时涉及的相关方非常多,项目组的成员来自多个相关方,我也是刚刚转型为项目经理不久,说实话,心里很没底,也不太自信,很多时候宁愿自己干,也不太敢严格要求团队成员。

时间一长，一系列问题就暴露出来了，团队成员工作消极懈怠、推诿扯皮、敷衍了事、缺乏责任感、没有协作精神，进而导致产品质量差、工作效率低、团队绩效差。这种结果反过来又会加剧团队内部氛围恶化、不喜欢沟通、目标不明确、各自为政等问题，陷入恶性循环。这惨痛教训让我深知，打造高绩效团队得另寻良策。我逐渐摸索出了一些关键要点，主要涉及以下几方面。

7.3.1 团队内公开透明

所有信息对团队中的每个人都是公开透明的，比如通过看板、大屏展示团队目标、各种工作状态、项目进度、每个人的任务及讨论的细节。目的是让每个团队成员清楚自己的任务、迭代内容和团队目标，而不需要让下属去猜测。为做到透明，我根据实际经验提炼出三个关键词，分别是背景、目标、任务。

1. 背景

假设你所在的公司正在进行战略转型，需要进入一个新的领域，那么第一个项目可能不以盈利为目的，而是要快速占领市场，这就是背景。你需要让参与这个项目的每个团队成员都明白这些背景信息，包括有哪些先决条件、限制条件、制约因素等。

比如我负责的一个项目，是要把一个出入安全的系统改造成一个检查防疫通行凭证的系统，由于时间紧任务重，加班是不可避免的。如果我只是简单粗暴地通知：接下来我们要赶工，至少要加班两周。可以想象大家的情绪会怎样？肯定会有抵触心理。

当时我选择把做这件事的背景交代清楚，告诉团队这不仅能让公司成为当地第一个推出该系统的公司，快速占领市场，还能为社会发展做出一份贡献。从一个简单的工作任务变成能为社会做贡献，大家的感觉就不一样了，积极性非常高，结果是按时高效地完成了任务。

2. 目标

做任何事都需要目标，并且要随时关注目标，那么目标是如何产生的呢？很简单，项目经理也是组织战略的落地者，需要将组织的整体战略逐步分解成一个个产品或项目，项目团队承担哪个项目或产品，其目标就是实现或完成它，以帮助组织达成战略目标。这里可以利用 SMART 原则制定一个有效且合理的目标。下面简单介绍一下 SMART 原则。

（1）目标必须是具体的（specific，即 S）。

（2）目标必须是可衡量的（measurable，即 M）。

（3）目标必须是可达到的（attainable，即 A）。

（4）目标必须和其他目标具有一定的相关性（relevant，即 R）。

（5）目标必须具有明确的截止期限（time-bound，即 T）。

还是用检查防疫通行凭证系统举例子，这个项目的目标非常明确，需要在两周内将原有安全出入系统改造成可以支持刷身份证/人脸返回防疫通行信息的系统，简单的一句话就体现了 SMART 的五个原则。

3. 任务

团队有了目标后，我们就可以继续往下分解，将其变成每个人的任务，把任务分配给最合适的人，要清楚地告诉他需要做什么、何时完成，以及完成的标准是什么。比如软件项目制作好了 WBS，或者说在敏捷开发中制定好了产品待办项，通过一次次迭代来交付成果，直至最终完成。

背景、目标、任务都是公开透明的，每个人都知情、理解、愿意共同参与并承诺完成。所以，团队建设透明是第一步，核心是尊重每个人，以人为本。

7.3.2 培养团队成员的自我驱动能力

自我驱动是高绩效团队的核心,那么如何培养成员的自我驱动能力呢?

(1)借助激励理论,如马斯洛需求理论、期望理论、成就动机理论等,分析团队成员当前的需求与期望,将他们的需求、期望、目标与团队或组织的目标相结合,实现共同成长和相互成就。

(2)在了解他们的需求、期望、目标之后,可以通过多种方式帮助他们达成这些目标、满足这些需求,当然前提是他们需要付出相应的努力。要让下属看到公司能给予他们更多,要让他们知道你期望他们做什么,告知他们的岗位责任和意义,以及公司战略、团队目标和个人任务的意义,而不只是把一个个任务扔给他们。我把这个过程称为建立心灵契约。

(3)在上述基础上鼓励承诺。每个人都希望成为被人信赖、被人肯定、被人需要的人,而你要做的就是放大这些,鼓励他们作出承诺并确保他们履行这些承诺。

我的部门里有一位主力前端开发人员,他优缺点都很明显,聪明、接受能力强、爱学习新技术、善于思考、能够独立解决问题,但缺点是过于自我、自视过高、固执、爱发牢骚。于是我依据马斯洛需求理论,和他进行了深入交流,了解他的真实想法和需求,具体情况是:这位员工家庭条件优越,暂时不想成家,自认为比较优秀,想要在技术和工作上更进一步,充分展现自身价值,这是很典型的马斯洛需求中的尊重需要层次。

我在团队中进行了DISC性格分析(D代表支配性,I代表影响性,S代表稳定性,C代表服从性)。简单介绍一下DISC性格分析,DISC性格分析是在公司中广泛应用的一种人格测验,用于测查、评估和帮助人们改善行为方式、人际关系、工作绩效、团队合作、领导风格等。我根据分析结果中的 I 和 D，筛选出具备治理、教导、领袖、帮助人等性格特征的人员，如果他有管理类岗位培养的潜质，那么我就告诉他关于我的期望，承诺在他达到条件后，给予他前端技术主管岗位，还告诉他，我对这个岗位的要求和期待，用交易代替管理，建立心灵契约。我们不是管理与被管理的关系，而是我代表公司满足他的需求，他以努力工作作为回报。因此，他不仅能够进行强烈的自我驱动，还成为我建设团队的得力助手。

7.3.3 营造团队的协作氛围

实际上，越是协作差的团队，越会把协作挂在嘴边。在我看来，协作并非一朝一夕就能达成的，也不是一个独立的行为，而是一个过程，是一种氛围。先做到前面提及的公开透明和自我驱动，在团队或组织内部，自然就会开始形成协作氛围。

这里就需要运用长板理论和 T 型人才理论，鼓励在某个领域有专长的人员。让专业的人做专业的事，比如，通过马斯洛需求理论对需求进行分析，借助 DISC 或迈尔斯-布里格斯类型指标（MBTI）进行性格分析，使每个人都能更加清晰地认识自己，也便于我们更好地了解团队中的每一个人。同时，制定好团队规则，明确各岗位的职责，依靠流程和制度，这也是协作的基础。

除了以上三点之外，还有一点也非常重要，那就是有效沟通。高效的项目团队还需具备高效沟通的能力，项目团队必须建立有效的沟通计划和机制，以满足团队的高效沟通需求，具体细节我们将在第 8 章中详述，这里不再赘述。

项目团队必须建立和拥有全方位、各种各样、正式和非正式的信息沟通渠道，以确保沟通直接高效、层级少、无官僚作风、基本无延误。团队擅长运用会议、座谈这类直接的面对面沟通形式，因为面对面沟通是高带宽沟通，丢失的信息量最少，产生误会的概率也最低。

沟通不仅是信息的交流，更重要的是情感的交流，每个队员不仅要有很好的交际能力，还要有很高的情商，团队内要充满同情心和融洽的情感，也就是要具备人文关怀。因为我们是人，不是工具，也不是某个角色，沟通是表达情感的最好方式。项目团队要有开放、坦诚的沟通氛围，队员在团队会议中能充分交流意见，倾听、接纳其他队员的意见，并经常能得到有效的反馈。

我的实践证明，团队成员之间相互了解得越深入，团队建设就越出色。项目经理要确保个体成员能经常相互交流沟通，并为促进团队成员间的社会化创造条件，团队成员也要努力创造这样的条件。

最后总结一下，如果我们身处一家大型公司，要充分理解公司的文化、使命、战略；如果我们在一家小微公司，则更要充分理解负责人的想法。在此基础上，通过分解战略形成目标链条，最终与团队共同制定一个有效且合理的目标，进而一起为这个目标而努力，每个人都充分发挥自己的专长，对团队做出承诺，达成心灵契约。

同时，我们也要开诚布公地告知所有人公司的战略、负责人的想法、团队的目标、团队的规则、每个人的任务、完成的情况，做到充分透明。同时，告诉每个人自己最喜欢的工作方式、最欣赏的品质，以及不能容忍的底线，不要让别人去猜测，这里还有一点很重要，就是以身作则。

当你引导大家去做这些，大家为了实现共同的目标、完成心灵契约而自我驱动，从而形成一个螺旋向上的循环。作为团队带头人，应在内部建立一个开放、尊重、信任、勇于承诺、勇于承担的氛围，以身作则，从我做起，就一定能打造成一个自我驱动高效运转的团队。

7.4 成为让人愿意追随的领导

7.3节讲述了如何打造一个自我驱动且高效运转的团队，但是仅仅做到这些，我们就能成为一名优秀的管理者并带好团队了吗？当然还不够，作为一名优秀的管理者，要不断做好自身的修炼，展现出领导的魅力。

为什么这么说呢？要知道，当你一次次地保质保量地交付项目时，你收获的不只是一个好团队，你在组织和公司高层心中的分量也会日益增加。当你进入更高一级的管理层，需要"管"的人更多，需要同时处理的事务、协调的关系、思考的内容，以及做出的妥协都会呈数量级增长，稍有不慎，就很可能遭受挫折，所以你的关注点又需要回到自己身上，进行自我修炼，在培养自己人格魅力的同时，持续学习以提升专业度。

那么，我们该如何成为一个让人信赖、愿意追随的领导呢？培养自身的人格魅力，我认为至少需要具备三种品格，即公正、无私、以身作则。

7.4.1 公正的品格

公正最重要的是一碗水端平，对技术好与差的员工应一视同仁。这句话说起来容易做起来难，因为管理者都以为自己做到了公正，然而公正的标准不是你自己问心无愧，而是团队成员是否感受到了公平。那么到底怎么做呢？

1. 兼听则明

出现问题时，需要从多角度、多维度去看，还要透过现象看本质，这样才能看清一个事物。举个例子，作为管理者，肯定会有下属向你报告一些事情，当你针对他所说的事情马上做出判断，认定哪个人有问题，哪个人是正确的，那么这种判断百分之百是错误的。你需要听取更多的人对同一件事情的描述和判断，站在更高的维度上，综合地思考和决策，才能让大家感受到公平。

2. 矫枉过正

你可能会说这不是贬义词吗？是的，在某些特定场景下，我认为矫枉必须过正。在团队中私人关系总有亲疏远近，比如跟你共事时间久的老下属，相比其他人，自然和你有更亲近的关系，越是这样的关系，越要严格要求他们。举个例子，曾经有位前公司同事想进入我们公司，我让他走正式招聘流程，严格按照面试标准，在录用后直接公开宣布是老同事、老相识，但对他却有更加严格的要求，不仅工资与跳槽前相比没有提升，所有的考核标准还要高一级。当然，我在做这些事情之前，肯定是提前做好了思想工作。这就是矫枉必过正，结合上面的兼听则明，这就是公正这种品格最重要的两个部分。

7.4.2 无私的品格

有句老话："财聚人散，财散人聚。"意思是如果你把财富聚集在自己手中，就没有人跟随你，人们就会像水一样流走。如果你把财富分给其他人，这些人就会聚集在你身边。放到管理工作中怎么理解呢？这时候，我们把这个"财"字拔高一点，从以下三个维度理解：

1. 空间维度

你不能把自己和下属放在一起分配利益，你的利益要交给负责人去分配。

2. 时间维度

在奖金福利分配上，要比他们的预期快半拍，或者当他们以为没有的时候，你又帮他们争取到了。在管理岗位上，你可以利用的资源很多，比如涨工资、分奖金、提升职位、重要授权等，有些公司可能一年涨薪一次，你不一定非要等到12月31日公司自动涨薪那天，可以提前几个月就找他谈话，对他的工作表示满意，为鼓励他更加努力地工作，期待他在未来有更好的表现，提前加薪，虽然相差两三个月，但他会受到巨大的鼓励，会产生巨大的激励效果。

3. 内容维度

我们再把这个"财"拔高一下，它不仅指金钱、利益，还可以是情感。茫茫人海里，我们有缘相识成为同事，并且还建立了心灵契约，在对方心中开设了情感账户，你帮助他一次，就相当于在他那里存了"钱"，你兑现一次对他的承诺，同样是存了一次"钱"。时间长了，我们在每个人的情感账户里进行了良好的投资，一定能给自己带来高额的回报。

7.4.3 以身作则的品格

一个团队能否有效运转，需要制度和规范，但是如何确保这些制度和规范落地呢？不是靠各种各样的督促、检查、监督，甚至罚款，最重要的是团队领导、规则制定者以身作则，才能确保制度规范的有效执行落地。

在我的团队里，使用的开发方法是敏捷，每天要开站会。有一次我在开车上班途中被人刮蹭而迟到了，虽然这不是我造成迟到的原因，但也是一个非常正当的请假理由。我不仅没有同意他们为了等我而延迟站会，还在第二天按照团队规则做了十个深蹲，而且因为自己是领导，加倍做了二十个，哪怕我有腰肌劳损的老毛病，也没有接受他们的劝阻。从那之后，几乎没有人因为各种理由随意请假、缺席每日站会，这就是非权力影响。我并不是利用手中的权力、组织的地位和授权强行要求别人做什么，而是以身作则，只有这样，才能影响他们，保证团队的执行力。

当我们做到，或者说拥有了公正、无私、以身作则这三个品格，就已经开始建立起初步的人格魅力，接下来呢？不能原地踏步，仍然需要持续学习，自我修炼，提升专业度，并且学以致用、知行合一。比如多组织学习分享会，认真听取团队的意见，认真思考及时反馈等。

从转型开始，我一直在学习项目管理的相关知识，从一开始在网上找资料，到买实体书学习，包括到后来加入光环大家庭学习。其实也是一个偶然的机会，我最初的想法是想学习敏捷项目管理（PMI-ACP），为了解决软件开发项目中碰到的各种问题。当我开始深入学习敏捷项目管理的时候，发现自己对项目管理知识、理论等掌握得非常粗浅和杂乱，所以我重新学习了PMP和PRINCE2，然后才学习敏捷项目管理。也就是在学习敏捷项目管理的过程中，又接触到很多精益的思想，包括工作中需要很多产品的知识，所以我又去学习了产品经理国际资格认证（new product development professional，简称NPDP），可以说一直在提升自我。

在其他方面，我会读一些哲学、经济学、管理学和心理学方面的书，研究包括阳明心学、公理化思维、查理·芒格思维模型，甚至量子力学等，学习越深入，很多道理、理论、定律等都是相通的，没有什么难题是解决不了的，只是因为知识和智慧不够罢了。

要想成为一名优秀的管理者，让团队成员信赖并且愿意追随，持续地自我修炼、提升个人魅力是必不可少的。当然，个人品格上的磨炼和完善只是基础，虽然在这里只说了三点，但要做到的不只是这三点，还有比如创新、诚信、宽容、勤勉、真诚、强烈的目标感、责任感等，都需要我们主动学习并学以致用、知行合一。同时，持续不断地学习，自我修炼，不断提升自己的专业度和思想高度，迭代更新思维框架，不仅会成为一个受人信赖的人，还会成为团队的定海神针，组织的中流砥柱，高层心目中稳定的基石。

第 8 章
项目沟通是管理的浓缩

在项目管理的大舞台上,沟通宛如一条无形的纽带,连接着每一位参与者。从沟通的基本概念到高效的沟通技巧,再到解决跨部门协作的难题,每个部分都意在揭示沟通的力量与艺术。通过理解沟通的多维性,掌握方法原则,运用互动沟通模型,以及采用正确的跨部门协作方法,项目经理才能够引领团队走向成功。正如本章所述,"沟通不只是传达信息,更是构建信任与理解的过程。"在项目进程中,每一次有效沟通都是朝着共同目标迈进的重要一步。

8.1 为什么沟通需要管理

一般人对沟通的朴素理解是让对方明白自己想表达的内容，或者自己能够明白别人想要表达的意思。但是，当你是一名项目经理，在交付项目的过程中，你会发现，大部分时间都花在沟通上。根据 PMP 提供的数据，顶尖的项目经理大约 90% 的时间都花在沟通上。可见，沟通对项目管理是多么重要，而沟通管理对项目经理又是多么重要，可以说是否善于沟通，或者是否懂得管理沟通，对项目能否达成最终目标具有决定性作用。

8.1.1 沟通的概念、维度和必要性

让我们回归主题，先来了解下沟通的概念、维度及必要性。

1. 概念

沟通本身是指有意或无意的信息交换。这些交换的信息可以是文字、声音、想法、指令，甚至是情绪等。而信息交换的方式多种多样，比如常见的书面形式和口头形式，也有正式和非正式形式，手势或肢体动作，甚至遣词造句（表达同一种想法的词汇不止一个，每个词汇的含义往往存在细微差异）和媒体形式（信息交换的媒介，如常见的网络）等。

2. 维度

除了多种沟通方法，还可以按照不同维度对沟通活动进行分类，比如内部和外部沟通、正式和非正式沟通、层级沟通（向上沟通、向下沟通、横向沟通）、官方和非官方沟通、书面和口头沟通等。

3. 必要性

当我们把沟通本身拆解来看时会发现，原来沟通也不是一件简单的事，而项目经理每天做得最多的事恰恰是沟通，所以沟通必须被管理起来。沟通管理就是确保项目信息及时且恰当地被收集、生成、发布、存储、检索、管理、监督并最终处置，以促成项目团队内部，以及与相关方之间的信息有效流动。

用于开展沟通的活动和工件多种多样，从即时通信软件和非正式对话，到正式会议和定期项目报告，或者通过言语、面部表情、手势动作或其他行动有意或无意地发送和接收信息，都是为了确保沟通能够成功完成项目，建立必要的基础。

为了成功管理与相关方的项目关系，必须对沟通进行管理，以便创建合适的沟通工件和开展合适的沟通活动，也包括运用相关技能来提升计划内和即兴沟通的效果。那么，我们该如何管理沟通呢？

8.1.2　制订沟通管理的策略和计划

制订策略和计划时，要依据项目及其相关方的需求制订合适的沟通策略。基于该策略来制订沟通管理计划，确保通过各种形式和手段将恰当的信息传递给相关方。通过管理沟通，即运用这些策略和计划，谨慎地选择各种方法、发送方、接收方和信息，我们就能将正确的信息通过合适的手段送达所需的相关方，同时防止理解和沟通错误。

1. 制订沟通策略

要明确我们的沟通对象。在项目环境中，最重要的沟通对象有两个：一个是相关方，另一个是项目团队。所以，我们最重要的输入是两份计划，即相关方参与计划（第11章会讲到相关方管理中最重要的一个输出，它包含有效吸引相关方参与所需的管理策略，这些策略通常要通过沟通来落实）和资源管理计划（第7章讲到的团队管理中最重要的一个输出，规划了如何对项目资源进行分类、分配、管理，以及团队成员或小组之间的沟通），这两份计划构成了沟通策略中最重要的部分。

2. 制订沟通计划

沟通计划应如何制订呢？主要内容如下：

（1）相关方的沟通需求。

（2）需沟通的信息，包括语言、形式、内容和详细程度。

（3）上报步骤。

（4）发布信息的原因。

（5）发布所需信息、确认已收到，或者做出回应（若适用）的时限和频率。

（6）负责沟通相关信息的人员。

（7）负责授权保密信息发布的人员。

（8）接收信息的人员或群体，包括他们的需求和期望。

（9）用于传递信息的方法或技术，如备忘录、电子邮件、新闻稿或社交媒体。

（10）为沟通活动分配的资源，包括时间和预算。

（11）随着项目进展（如项目不同阶段相关方发生变化）而更新与优化沟通管理计划的方法。

（12）通用术语表。

（13）项目信息流向图、工作流程（可能包含审批程序）、报告清单和会议计划等。

（14）来自法律法规、技术、组织政策等的制约因素。

（15）项目状态会议、项目团队会议、远程会议和沟通工具等的指南和模板。

那么，依据以上沟通管理的策略和计划，我们就能做好项目的沟通管理，但这仅仅是成功沟通的第一步，也就是依据项目及其相关方的需求制定合适的沟通策略。基于该策略，制订沟通管理计划，确保通过各种形式和手段将恰当的信息传递给相关方。而要使沟通成功，还必须做到第二步，确保沟通是有效的沟通。

8.2 有效的沟通才是成功的沟通

什么样的沟通才是有效的沟通？我的理解是，我表达的意思对方能够完全理解，并且通过对方的反馈，我能确定对方理解的意思和我想表达的意思是一致或者相近的。也就是说，有效沟通是指成功地把某一信息传递给沟通对象，沟通对象能够做出预期回应的整个过程，双方对沟通信息的理解是一致或相近的。

8.2.1 5C原则

如何让沟通更有效呢？就拿最常见的编制书面或口头信息的场景来说，应用书面沟通的5C原则（5C指正确性、简洁性、清晰性、连贯性、受控性），即可减少理解偏差。

1. 正确的语法和词汇

语法不当或词汇选择错误会分散注意力，还有可能扭曲信息含义，降低可信度。因此，要使用正确的语法和词汇传达信息。

2. 简洁的表述且无多余字

简洁且精心组织的信息能降低误解信息的意图或者可能引起的歧义。

3. 清晰的目的和表述

适合接收者的需要，确保在信息中包含能满足受众需求与激发其兴趣的内容。

4. 连贯的思维逻辑

写作思路连贯,并且在整个书面文件中使用诸如"引言"和"小结"的小标题。

5. 受控的语句和想法承接

可能需要使用图表或小结来控制语句和想法的承接。

当我们使用书面沟通的5C原则时,最好采用下列沟通技巧:

(1)积极倾听。与说话人保持互动,并总结对话内容,确保有效的信息交换。

(2)理解文化和个人差异。提升团队对文化及个人差异的认知,减少误解并提升沟通能力。

(3)识别、设定并管理相关方期望。与相关方磋商,减少相关方群体中自相矛盾的期望。

除此之外,为了保证沟通活动的有效性,我们还需要注意以下三点:

①沟通的目的要明确。

②尽量了解沟通接收方,满足其需求及偏好。

③监督沟通过程并衡量沟通的效果。

原则也好,技巧也好,更多的是站在信息发出者的角度,这是确保信息以适当的格式正确生成并送达目标受众。我们还要获取信息接收者的反馈,并且为相关方提供机会,允许他们请求更多信息、澄清和讨论。

8.2.2 有效沟通的方法

我们需要借助相关方法并考虑相关事宜来提升沟通的有效性,可以从以下七点入手:

（1）选择合适的沟通模型，运用反馈循环，为互动和参与创造机会，并消除妨碍有效沟通的障碍。

（2）选择合适的媒介，为满足特定的项目需求而使用合理的沟通工件，例如何时进行书面沟通或口头沟通、何时准备非正式备忘录或正式报告、何时使用推式或拉式沟通，以及该选择何种沟通技术。

（3）具备良好的写作风格，合理运用主动或被动语态、句子结构，以及合理选用词汇。

（4）管理会议，准备议程，邀请重要参会者并确保他们出席；处理会议现场发生的冲突，或因对会议纪要和后续行动跟进不力引发的冲突，或因不当人员与会导致的冲突。

（5）运用演示，了解肢体语言和视觉辅助设计的作用。

（6）引导和辅导，达成共识、克服障碍（如小组缺乏活力），以及维持小组成员的兴趣和热情。

（7）积极倾听，包括告知已收到、澄清与确认信息，以及消除妨碍理解的障碍。

8.2.3 常见的沟通模型

常见的沟通模型包括线性沟通模型、互动沟通模型和跨文化沟通模型。

1.线性沟通模型

仅有发送方和接收方两方参与，步骤顺序如下：

（1）编码，将信息编码为各种符号，如文本、声音或其他可供传递（发送）的形式。

（2）传递信息，通过沟通渠道发送信息。信息传递可能受到各种物理因素的不利影响，如不熟悉的技术，或不完备的基础设施。

可能存在噪声和其他因素，导致信息传递或接收过程中的信息损耗。

（3）解码，接收方将收到的数据还原为对自己有用的形式。

这种基本沟通模型关注的是确保信息送达，而非信息理解。

2.互动沟通模型

同样只有发送方和接收方两方参与，但最大的不同点在于增加了以下两个步骤：

（1）确认已收到。收到信息时，接收方需告知对方已收到信息（确认已收到）。这并不一定意味着同意或理解信息的内容，仅表示已收到信息。

（2）反馈/响应。对收到的信息进行解码并理解之后，接收方把还原出来的思想或观点编码成信息，再传递给最初的发送方。如果发送方认为反馈与原来的信息相符，代表沟通已成功完成。在沟通中，可以通过积极倾听实现反馈。

作为沟通过程的一部分，发送方负责信息的传递，确保信息的清晰性和完整性，并确认信息已被正确理解；接收方负责确保完整地接收信息，正确地理解信息，并需要告知已收到或做出适当的回应。同时，在互动沟通模型中，也会考虑到在发送方和接收方所处的环境中，都可能存在会干扰有效沟通的各种问题和障碍。

一般来说，能够运用互动沟通模型进行沟通其实就能够达到有效沟通的标准了。实际上，在互动沟通模型的基础上，还有一种沟通模型：跨文化沟通模型。

3.跨文化沟通模型

每个人都有不同的学习、成长、工作、生活等经历，也有不同的性格、价值观、习惯等，这就造就了我们不同的知识、背景、个性、文化和偏见。这些都会对我们的沟通和信息理解构成挑战，甚至沟通时的情绪也会影响沟通效果。

所以，沟通风格的差异可能源于工作方法、年龄、专业学科、民族、性别、国籍等差异。不同文化的人会以不同的语言（如技术设计文档、不同的风格）沟通，并喜欢采用自己不熟悉的沟通过程和礼节。这些往往都会造成我们在沟通时对信息理解的偏差。但是，我们也不用太担心，这些往往是在考虑人本身时需要考虑的，当我们使用通用的语言（比如软件开发时的各种标准文档，产品需求文档、流程图、状态图等）去沟通的时候，往往能够消除这些文化偏差。

当理解了什么是有效沟通，同时利用上述原则、技术、方法确保做到有效沟通，就可以说我们的沟通管理是成功，也能够为项目目标的最终达成奠定良好的基础。

8.3 如何解决跨部门协作的难题

在IT项目中，通常涉及的部门和岗位比较多。如果以一个纯软件开发项目为例，作为乙方公司要完成一个项目，在内部就至少需要商务经理、项目经理、需求分析师、UI设计师、架构师、软件开发工程师、测试软件工程师等。如果是大型的项目，相应的乙方是稍具规模的公司，这里涉及的还有市场负责人、项目负责人、需求负责人、开发负责人、测试负责人等；如果涉及硬件，还需要增加硬件工程师、硬件测试工程师、系统测试工程师等岗位；如果是需要乙方代为维护的，还要增加系统运维工程师、服务器运维工程师等。最后，要把项目完成，还需要和财务部门、人事部门、后勤部门等部门打交道。

然而，这仅仅是内部的相关方而已，并且这些岗位通常都不在一个部门中。在规模大一些的公司中，设有市场部门、营销部门、项目部门、设计部门、开发部门、测试部门、技术部门、服务支持部门、财务部门、人事部门、后勤部门等，每个部门都有领导和主管，有的甚至不在同一个地方办公。这也是大部分公司的实际情况，也是令项目经理最头疼的难题。

8.3.1 跨部门协作困难的原因

导致跨部门协作困难的原因主要有以下四点：

1. 每个部门有自己的战略

虽然在一个组织中，受整体战略指引，但是每个部门在组织内部的角色不同，承担的任务不同，聚焦点也不同，自然部门的战略也不同，而战略不同就会导致出发点不一样。

我所在的公司，研发中心的战略是产品战略，包含产品平台战略和新产品开发战略，那么在营销中心的战略中，项目的部分其实跟我们部门一点关系都没有，你做你的项目，我做我的产品，最好不要相互打扰，尽管我们都是公司整体战略的组成部分。

2. 每个部门有各自的优先顺序

从决策模式到资源分配方法，不同部门的人关注的重点不一样。你重视这方面、我重视那方面，你考核甲、我考核乙，结果哪怕是同一个项目，但不一定能好好合作。

就像上面所说的，研发部门为了实现自己的产品战略，产品的更新迭代工作肯定是优先级最高的，其他插入的任务当然会排在自己的事情后面，除非有高层介入。

3. 每个部门有各自的思维模式

想法不同，思维模式不同，做事的方法和时间轴不同，所以很难真正站在对方的角度思考问题，合作效率很低。就算在部门内部也会存在不同的想法，位置决定思维，不在其位不谋其政。

比如产品经理和项目经理。产品经理为了设计一款解决某一类问题的通用产品，关注的是市场动态、需求调研、数据挖掘和产品设计。而项目经理把一个已经具体化的任务按计划完成，关注项目成本控制（时间成本、人工成本、资金成本等）和保证质量。这就造成产品经理和项目经理的想法往往不一致。

4. 每个部门有各自的主管

每个部门、每个人都有自己的考核要求，有自己要完成的关键绩效指标（KPI）或者目标与关键成果法（OKR），升职加薪都以此为标准，不可能不去满足主管的要求而去满足个别员工的要求。

虽然大家都是为项目服务的，但有的员工手上不一定只有一个项目，可能几个项目的工作同时都在做，而且员工一般会先做直属领导安排的工作。所以，任务并不好推进。

8.3.2 跨部门协作的方法

如何更好地跨部门协作，这一问题也是我这么多年担任项目经理所经历过的痛苦之处。当然，这并非不能解决的，它只是部门间协作不好所造成的现象。为了更好地解决跨部门协作的难题，我总结了三个方法：正确表达，尊重感恩；跟踪过程，承担责任；及时肯定，正向反馈。

1. 正确表达，尊重感恩

（1）准确清晰地表达需求。当我们需要对方完成某项任务时，需要详细地将内容表达清楚：谁、什么时候、在什么地方、做什么、为什么要做、怎么做、完成标准，而不是简单的一句话："你去做什么。"

比如在软件开发中，我们需要开发人员编码完成一个功能时，就必须提供需求文档，包括对于需求的详细描述、流程图、活动图、状态图、交互说明、限制说明、字段字典等。如果想要一个好的结果，就一定要有一个好的输入。

（2）理解对方的难处。协作部门推进不积极，很可能是因为对方需要支持的项目很多，或者从对方的角度来看你的项目不重要。如果遇到这样的情况，千万不要先用职级去压人，而是要讲道理。你可以试着站在对方的角度，理解对方的难处。

比如可以这样说："我知道咱们这边也不是只负责我这一个项目，你们的人手也不够，但这个项目确实很急，要不先给我把这一点做了，这样××那边才能继续往下推进。"先倾听对方的难处，表达理解，然后再让对方倾听你的需求。

（3）匹配对方的期望。想要争取对方与你合作，就要了解对方的期望，对方职位的KPI是什么，想在这个项目中获得什么，个人偏好和价值观是什么，工作状态是怎样的。你能够提供什么和对方的期望能够匹配得上，你能带给对方什么。明确这些内容，即便不说能全部匹配上，只要能匹配上一半，问题就能迎刃而解。

（4）区分需求优先级。我们了解对方的处境、理解对方的难处，就是为了正确地表达自己的需求优先级，哪些是需要当天做的，哪些是需要本周做的，哪些事根本不着急，如果有空了顺手做。只有尊重对方的工作和时间，才会得到别人的尊重。这一点在跨部门协作中是最重要的一点，也体现了项目经理的责任感和领导力。

（5）心怀感恩。在职场中，没有人有义务帮助你。我们要常怀感恩之心，无论这是不是对方分内的工作，无论对方的动机是什么，只要对方对你提供了帮助，你都需要领情，并且在合适的时候给予回报。

2.跟踪过程，承担责任

（1）及时沟通，调整进度。跨部门沟通需要定期同步信息、互相分享合作心得与反馈、一起调整工作步调让彼此同步，这是很重要的。

作为项目经理，当自己的工作进度或者优先级有调整时，要主动站出来与其他部门的相关方进行信息同步。当项目出现异常问题时，也要及时反馈、跟进。

在心态上可以把这些各部门的朋友当成自己的团队，当你认定对方是伙伴而非敌人时，合作可以更加紧密。

（2）分配工作，不分配责任。很多项目经理会在这点上纠结，对方又不是自己部门的人，但又需要对方配合工作，该怎么办呢？

工作交代出去不代表和项目经理没关系了。职场上常常出现"甩锅"的问题，领导问起来就说这件事是××员工在跟进。领导将任务交给项目经理，出现问题他不会找别人，只会找项目经理。用这种借口，领导反而会觉得项目经理没担当、没责任心。而对于帮助项目经理的跨部门同事来说，这样无异于推卸责任，对方还愿不愿意提供帮助都是问题。

所以，过程中一定要及时跟进，将责任始终放在自己身上。提前和对方约定好进度和时间，出现了拖延等异常情况，及时沟通处理和协调。最后，如果任务完成后出了问题，也要及时承担责任，否则下次没人愿意提供帮助。

项目经理要明白，可以把对方需要做的工作分给他，即便对方答应配合工作，也不代表就可以把任务当作皮球扔出去，完全不再管了。要记住，做好了是对方的功劳，没做好是项目经理的责任。项目经理要随时准备好，不管因为任何原因导致项目延期、项目失败，都需要第一时间站出来承担责任，责任心是最重要的品质之一。

3. 及时肯定，正向反馈

（1）及时公开肯定。项目经理要记住，自己是项目的负责人。

其他部门的人是来配合、帮助完成项目的。即使过程中我们付出99%的努力，对方付出1%的努力，你也必须给予对方及时的、完全的认可。

不管是私下还是公开场合，一定要多给予合作的同事肯定。夸人虽然不一定要当面，但也不能一句不说。毕竟作为项目经理不可能只做一个项目，也不可能只跟几个人合作，夸奖别人的同时，那些没合作过的人也会私下对项目经理进行评价。项目这么多，公司就这么大，谁知道下一个要跟谁合作？

要多在对方领导和公司高管面前给予肯定。这也是项目经理高情商的一个重要表现，下次再合作的时候就好说话了。同时，顺带称赞对方的领导管理有方，在公司高管面前也能留下项目经理沟通能力不错的印象。

（2）正反馈效应。所谓的正反馈效应，就是某人做了符合他人价值观，让他人感到高兴、兴奋的事情，并受到夸奖、鼓励，进而这个人就会继续努力地把这件事情做好，而且会越做越好。或者说一件事情的发生、发展，受到了另一件事情的刺激，促进了其正向发展。

年轻人思想自由、追求平等、打破常规，但又期待被迅速地读懂、认可和肯定，喜欢速成、快速看到结果。他们表面放荡不羁，什么事情都不在乎，其实是没有遇到能够读懂他们内心的伯乐。我们可以多使用正反馈效应，够激发他们心中的责任感、主动性，使他们能够承担责任，自我驱动。

第 9 章

项目风险管理：识别应对与掌控策略

在项目的漫漫征途中，风险如同暗流涌动，既是挑战也是机遇，往往在不经意间悄然降临。在 IT 项目管理的舞台上，风险不仅是潜在的威胁，更是检验团队智慧与韧性的试金石。我们深知，风险无法避免，唯有管理才能驾驭。通过系统化的风险识别、细致入微的分析、前瞻性的应对策略及持续不断的监控，项目团队能够在变幻莫测的环境中稳操胜券。

9.1 风险都是负面的吗

徐志摩的《再别康桥》有一句话能够形象地描述风险的特征："轻轻地我走了，正如我轻轻地来。"风险往往就是这样，在你根本没有意识到的时候到来，在造成后果后又悄悄地离去。

风险一词的基本核心含义是"未来结果的不确定性或损失"，也有人进一步定义为"个人和群体在未来遇到伤害的可能性，以及对这种可能性的判断与认知"。如果采取适当的措施使破坏或损失不会出现，即凭借智慧的认知、理性的判断，继而采取及时而有效的防范措施，那么风险可能带来机会，由此进一步延伸的意义不仅是规避了风险，还会带来比例不等的收益。有时风险越大，回报越高、机会越大。

在PMP中，《项目管理知识体系指南（PMBOK®指南）：第六版》将风险认为是会对项目目标产生正面或负面影响。该体系强调项目风险管理不仅要规避或减轻负面风险（威胁），更要积极利用或强化正面风险（机会）。

9.1.1 关于风险的解释

学术界对风险的内涵没有统一的定义，由于对风险的理解和认识程度不同，或对风险研究的角度不同，不同的学者对风险有不同的解释，但可以归纳为以下七种代表性观点：

（1）风险是事件未来结果的不确定性。

（2）风险是损失发生的不确定性。

（3）风险是指可能发生损失的损害程度的大小。

（4）风险是指损失的大小和发生的可能性。

（5）风险是由风险构成要素相互作用的结果。

（6）利用对波动的标准统计测度方法定义风险。

（7）利用不确定性的随机性特征来定义风险。

显然，PMP的观点与第一种观点更接近，把风险视为不确定性，说明风险产生的结果可能带来损失、获利或是无损失也无获利。

比如古时渔民出海打鱼，不喜欢狂风暴雨，因为有可能让他们丧命，但如果没有风，他们的船根本就无法开动，因为那时都是风帆船，没有风就意味着出不去或者回不来。如果风险一词的由来是这样的话，那么风险确实代表着一种事件未来结果的不确定性。

虽然风险可能让我们的项目变得"颗粒无收"，但是一旦有利于项目，则可以大赚一笔。风险投资家心中的风险正是这种风险，所以风险才会吸引他们投入巨大的资金。

对于项目管理者来说，在现实的情况中，风险更接近上面第二个至第五个观点。对我们来说，风险更多意味着失败的危险，必须将风险扼杀在摇篮中。

9.1.2 常见的风险种类

我国的信息化建设仍需不断完善。一方面，组织缺乏对信息化进行整体规划、实施与控制的决策机制和责任担当框架，也未形成信息化相关制度；另一方面，组织在信息化过程中涉及IT规划、实施、运行、检查的一系列IT流程，缺乏制度化与标准化的约束，缺乏部门间及流程间协调、沟通的机制，造成IT系统与业务需求的"逻辑错位"。

以上情况导致组织在信息化过程中存在诸多风险，如技术标准不兼容的架构风险、信息化投资得不到回报的绩效风险、开发的应用系统脆弱或满足不了业务需要的风险等。因此，建立较为完善的IT治理机制来解决信息化面临的风险，已是摆在我们面前的任务。我所在的城市至少有三个大型制造型公司因为要上线SAP系统（是一种企业资源规划软件），影响了整体业务，最终走向衰落。很多小型公司想要通过上线企业资源规划（ERP）系统实现公司信息化，但几乎没有成功的例子。

很多公司并非没有认识到信息化的重要性，而是完全不知道该如何实现信息化，简单地认为上了一套ERP系统就是信息化。我通过对大量公司的信息化失败案例，以及对信息化建设中深层次机制问题的研究，发现信息化也如同公司管理，需要制度创新，在信息化过程中，"制度重于一切"的定律同样适用。

1. 实行困难重重，员工不配合

建设一个信息系统容易，但是让该系统正常运转并实现业务价值，却是现实的难题。比如前面提到的大型制造型公司，购买SAP系统很简单，但是实施时却困难重重，没有储备专业人员，全靠外包，一旦外包人员撤离，就无人会操作了。好不容易实施完成，在实际使用中又出现各种问题，公司上下反对声不断，各种不配合，最终直接影响核心业务，导致公司迅速走向下坡路。

2. 甲方未尽到"业主"责任

除了人治问题，很多作为"业主"的甲方未尽到业主责任，甘当甩手掌柜。信息化项目不像其他基本建设项目，其建设过程、建设物资看得见、摸得着，容易衡量评价。而信息化项目软件在投资中占有很大比重，建设内容隐含在建设方案中，不易见、不易懂，难以衡量评价。如果甲方没有认识到信息化项目的差异，甘当甩手掌柜，像委托工程项目一样"以包代管""一包了之"，那么项目质量风险的概率肯定是比较大的，这是绝不可取的。

3. 公司对未来规划不清晰

还存在规划不清晰、走一步看一步的情况。随着信息化工作的推进，信息化项目的规范化、模块化水平日益提高，成熟度也越来越高。不可否认，每个公司都有自身的特点，一些个性化的信息化需求也越来越多，这就要求信息化项目的乙方在模块化的基础上，结合用户的个性化需求，进行有针对性的个性化开发，这种适应性开发是所有项目都会遇到的问题，乙方一般都会满怀信心地表示可以解决。

在个性化需求的开发过程中，有些公司有相关工作经验，对业务比较熟悉，开发起来相对容易；有些公司对行业一窍不通，真正开发时困难重重，流程梳理不到位，需求把握不清晰，只能走一步看一步，导致开发进度大幅延后，项目效果直接沦为"计算机化"，即原来的流程怎么走，信息化流程就怎么走，无非是从线下搬到了线上。

4. 观念与技术不同步，推进过程失衡

观念与技术不同步、推进过程失衡也是实际工作中常见的现象。信息化的核心，一是观念；二是技术。观念是技术的基础，在某种程度上观念比技术更重要。在推进信息化的过程中，我们应当把握好思想观念与技术的节奏，以及资源平衡问题。比如，起步前在思想观念方面多下功夫，只要大家认识到项目的重要性、必要性，开发与应用就顺理成章了；如果只关注技术开发而忽视员工思想的适配度，那么在开发过程中员工的配合程度，以及使用过程中的使用热情都会大打折扣，一个员工内心抵触、不愿意使用的信息系统是不可能有好的结果。

5. 重前期技术开发，轻后期管理

一个单位在信息化建设阶段的"吸睛"程度远远高于上马之后

的阶段。项目上马的决策、推进过程的实施，轰轰烈烈、人尽皆知；而投入试运行后的管理与固化，则鲜有人问津：试运行中遇到的问题，没有专人盯着改善，没人对结果负责；试运行问题接连不断，解决起来比较麻烦，用起来也不顺手，慢慢地就有人将其弃之不用了；"想用就用、不想用就不用"的现象屡见不鲜，事实上就会形成"劣币驱逐良币"的现象，最终就是系统被废弃；不能持续优化，试运行阶段的问题肯定不少，需要线上试运行与线下原流程同步，工作量增加了一倍，工作效率明显降低，如果没有相关的管理制度来固化、引导、管理，依靠员工自愿、自觉坚持下来是有难度的，需要强有力的管理措施来配套跟进。

在规划信息化时，IT项目经理不仅要关注IT技术，还要建立IT治理机制以实现公司的信息化目标。IT风险管理是进行IT治理最有效的手段之一。

9.2 IT项目风险的特殊性

在PMP中，《项目管理知识体系指南（PMBOK®指南）：第六版》对风险的分类，见表9-1。

表9-1 风险分类

风险分解结构0级	风险分解结构1级	风险分解结构2级
项目风险所有来源	技术风险	1.1 范围定义
		1.2 需求定义
		1.3 估算、假设和制约因素
		1.4 技术过程
		1.5 技术
		1.6 技术联系
		……

续上表

风险分解结构0级	风险分解结构1级	风险分解结构2级
项目风险所有来源	管理风险	2.1 项目管理
		2.2 项目集/项目组合管理
		2.3 运营管理
		2.4 组织
		2.5 提供资源
		2.6 沟通
		……
	商业风险	3.1 合同条款和条件
		3.2 内部采购
		3.3 供应商与卖方
		3.4 分包合同
		3.5 客户稳定性
		3.6 合伙企业与合资企业
		……
	外部风险	4.1 法律
		4.2 汇率
		4.3 地点/设施
		4.4 环境/天气
		4.5 竞争
		4.6 监管
		……

对于一个IT项目而言，常见的风险通常都在这四个大类范围内，但是又有其特殊性和专业性。

9.2.1　IT项目中常见的风险

在IT项目进程中，最大的敌人往往是隐藏于暗处的风险。因此，知己知彼方能在变幻莫测的IT项目环境中稳操胜券。

1. 需求风险

（1）需求已经成为项目基准，但需求仍在持续变更。

（2）需求范围已确定，但仍需增加额外的需求。

（3）产品定义模糊的部分所花费的时间比预期要多。

（4）在做需求调研时，客户参与度不足。

（5）缺乏有效的需求变更管理流程。

2. 计划编制风险

（1）计划、资源和产品定义完全依据客户或上层领导的口头指令，并且不完全一致。

（2）计划是优化后的，处于"最佳状态"，如果计划不够现实，只能算是"期望状态"。

（3）计划基于特定的小组成员来制定，但实际上该特定小组成员并不可靠。

（4）产品规模（代码行数、功能点、与前一产品规模的百分比）比预估的要大。

（5）目标日期提前完成，但没有相应地调整产品范围或可用资源。

（6）涉足不熟悉的产品领域，花费在设计和实现上的时间比预期长。

3. 客户风险

（1）客户对最终交付的产品不满意，要求重新设计并返工。

（2）客户需求未得到满足，造成产品最终无法达到用户的要求，所以必须返工。

（3）客户对文档、原型和规格的审核、决策周期长于预期。

（4）客户答复（如回答或澄清与需求相关问题）的时间比预期更长。

（5）客户提供的组件质量欠佳，引发额外的测试、设计和集成工作，以及额外的相关方沟通工作。

（6）客户未参与或无法参与文档、原型和规格阶段的审核，导致需求不稳定，以及产品生产周期变更。

4.过程风险

（1）大量的文档工作使进程慢于预期。

（2）不遵守规范流程（缺乏对软件开发策略和标准的遵循），导致沟通不足、质量欠佳，甚至需要重新开发。

（3）过度遵循规范流程（机械地坚持软件开发策略和标准），导致在无用工作上耗时过多。

（4）前期的质量保证措施不真实或失效，导致后期的重复工作。

（5）向管理层撰写绩效报告占用开发人员的时间多于预期。

（6）风险管理不到位，导致未能发现重大项目风险。

5.组织和管理风险

（1）低效的项目组织结构降低生产率。

（2）管理层审查决策的时间长于预期。

（3）预算被削减，打乱项目计划。

（4）仅由管理层或市场人员进行技术决策，导致决策错误、项目进度缓慢、计划时间延长。

（5）组织缺乏必要的项目治理规范，导致工作失误与重复工作。

（6）组织没有项目建设经验，无法提供相应支持，甚至拖后腿。

（7）组织自身效率低下，影响项目团队。

（8）第三方的非技术工作（预算批准、设备采购批准、法律方面的审查、安全保证等）时间比预期的更长。

（9）管理层作出的某些决定打击了项目组织的积极性。

6. 人员风险

（1）开发人员和管理层关系不佳，导致决策缓慢，影响全局。

（2）作为先决条件的任务（如培训和其他项目）无法按时完成。

（3）某些人员需要更多时间适应尚不熟悉的软件工具和环境。

（4）项目后期加入新开发人员，需要进行培训并逐渐与现有成员沟通，从而降低当前成员的工作效率。

（5）不适应工作的成员未调离项目组，影响了项目组其他成员的积极性。

（6）未找到项目急需的具有特定技能的人员。

（7）由于项目团队成员间发生冲突，导致沟通不畅、设计欠佳、接口出错和额外的重复性工作。

（8）缺乏激励措施，士气低落，降低了生产效率。

7. 开发环境风险

（1）项目所需设施、硬件未能及时到位。

（2）设施虽已到位，但是细节不配套，如没有网线、电话、办公用品等。

（3）环境欠佳，如场地拥挤、设施杂乱或破损。

（4）项目所需的开发工具未能及时到位。

（5）所需第三方组件、硬件缺乏支持，自行学习探索会浪费时间。

（6）新技术、开发语言、开发工具不如预期有效，开发人员需要时间创建工作环境或者更换新工具。

（7）新技术、开发语言、开发工具的学习周期比预期长且内容繁多。

8. 产品风险

（1）纠正质量偏差、修正不可接受的产品，需要比预期更多地测试、设计和实现工作。

（2）严格要求与现有系统兼容，需要进行比预期更多地测试、设计和实现工作。

（3）要求与其他系统或不受本项目组控制的系统相连，会导致无法预料的设计、实现和测试工作。

（4）开发额外的、不需要的功能（镀金），会延长计划进度。

（5）一些变更涉及底层、核心代码或技术框架，将大大延长计划进度。

（6）开发全新的模块将花费比预期更长的时间。

（7）依赖正在开发中的技术将延长计划进度。

（8）在不熟悉或未经检验的软件和硬件环境中运行所产生的未预料到的问题。

9.设计和实现风险

（1）产品设计质量低下，导致重复设计。

（2）产品设计质量低下，在编码阶段无法实现，需要重新设计。

（3）代码质量太低，耦合度过高，导致无法复用，重复开发。

（4）代码和库质量低下，导致需要进行额外的测试、修正错误或重新开发。

（5）过高估计了自动化工具对计划进度的节省程度。

（6）分别开发的模块无法有效集成，需要重新设计或开发。

（7）一些必要的功能无法使用现有的代码和库实现，开发人员必须使用新的库或者自行开发新功能。

以上均为IT项目中常见的风险，由于软件本身的特点，IT项目与传统项目存在很大差异，因此IT项目的风险管理难度比传统项目大。

9.2.2　IT项目风险的特征

综合上述常见的风险，我们可以看到IT项目风险都有以下三种特征：

1. 需求多变

在第3章项目范围管理中已经提到，软件项目需求多变已成为软件业界的共识。正是由于需求多变，瀑布模型一直在软件工程界饱受抨击，敏捷开发也因此应运而生。在IBM的统一软件开发过程（RUP）和众多敏捷方法论中，一直将需求不确定列为软件项目的最大特点，因此出现了"拥抱变化"的说法。

当一个IT项目已经开始实施时，如果客户连自己需要做什么、要实现什么功能都无法确定，那么负责软件实施的工程师又怎能知道自己要开发出一个什么样的软件系统呢？所以，他们只能在漫长的等待过程中不断遭受客户的"批评"，历经诸多磨难后才恍然大悟，原来是要做这样的系统啊！

2. 项目规模估计不准确

当老师给我们布置作业的时候，如果多布置了几个题目，下面的同学就会说："又要多做一个小时了！"学生们能在很短时间内准确估计作业量的大小，他们凭借每天做作业的经验，以及对题目瞬间的印象来进行估计，虽然他们还没有做过刚布置的这些题目，但是仍然估计得很准确。

任何一个建筑工程的项目经理都能精准掌握自己项目的进度，在他们的眼中，只要资金没有问题，进度就能得到保证。工地需要多少人、什么时候进行哪个工序的施工、什么时候需要加班，他们都心中有数。资金就是他们最大的风险，只要资金到位，一切工作就可以开展了。

而软件项目则不同，软件项目开始后很少有资金短缺的情况。但即使是再优秀的软件项目经理，也无法预估自己的项目什么时候能够完成，因为在进行估算时，客户的需求还不明确。建筑工程师可以通过预算非常准确地计算出整个建筑的工程造价，而软件项目却很难做到，因为无论是代码行估算法还是功能点方法，都远不如"猜"得准确。

3.人的因素对项目影响很大

正如对软件工程作出重大贡献的《人件》一书中所表达的"人就是一切"那样，我也持有相同的观点，人可以说是整个软件项目的灵魂。

软件项目不需要钢筋、水泥和砂石，也不需要任何施工机械。人的思想和智慧是软件项目的原材料，计算机和集成开发环境（IDE）软件是项目的施工工具。通过键盘和鼠标，程序员手中诞生了无数的程序代码。如果要问软件项目最大的成本是什么，答案只有一个，那就是人力成本。

《人月神话》一书中引用了一组数据，说明了一个惊人的结果：在同样拥有两年经验而且接受相同培训的情况下，优秀程序员的生产率是较差程序员的10倍，最好的和最差的程序员在生产率上的差距居然达到了惊人的10∶1。也就是说，一个优秀程序员的工作效率远远高于一个蹩脚的程序员，一个程序员新手甚至不能产生任何生产效率。不仅如此，最令人惋惜的是，新手的错误行为还会让熟练员工花费很多时间来帮助新手纠正错误，甚至可能导致软件开发效率降低。

虽然软件项目已经实行角色分工和管理，但是相对于其他工程的分工来说较为单一。在软件项目中，一般只分为系统分析师、架构师、设计师、程序员、测试工程师、配置管理人员和项目经理等。在实际工作中，除大型企业或者国企能够配备这么多岗位外，一般中小型企业只有两种角色：项目经理和开发人员，其他角色都由这两类人员兼任。

专业的人做专业的事。在软件项目中,现实情况是不仅人手不足,分工还非常混乱,对人的不当使用也是一个很大的风险来源。

9.3 IT项目风险管理

相信大家对于项目风险,特别是IT项目风险,应该已经建立了初步的认知,也能够明白项目风险肯定会发生,并且一直会存在。

《项目管理知识体系指南(PMBOK®指南):第六版》中针对一般项目通用的项目管理过程内容比较多,不容易查看,这里为大家总结一下。

9.3.1 项目风险管理的过程

预防胜于治疗,有效的风险管理是项目成功的基石。所以,在未知面前,优秀的项目经理总是预先布局,以策万全。

1. 规划风险管理

内容:制定项目风险的方法、人员、时间周期、类型及说明、基准、汇报形式、跟进等。

工具:相关方分析、WBS、风险管理图表等。

2. 风险识别

内容:项目有哪些潜在风险?这些潜在风险的主要原因是什么?可能引起哪些后果?

工具:项目文件审查(对文档的结构性审查)、信息收集(头脑风暴、SWOT分析、德尔菲方法、访谈等)、根本原因分析、风险登记册等。

3. 风险分析

内容:对单个项目风险发生的概率和影响,以及对整体项目目标的影响进行系统性分析。

工具：风险概率和影响评估、盈亏平衡法、概率和影响矩阵、敏感性分析、决策树分析、层级图、影响图等。

4. 风险应对

内容：制定并实施风险的预防措施和处置方案。

工具：风险管理计划、风险排序、威胁/机会/应急/整体应对策略、备选方案分析、多标准决策分析等。

5. 风险控制

内容：对风险规划、识别、分析、应对的全过程进行监督和控制。

工具：审计、检查单、风险报告、绩效分析、偏差分析等。

如果我们按照以上五个过程做好风险管理工作，大部分风险都能够被规避，不至于对项目或者实现项目目标产生威胁。

9.3.2　IT项目中特有的风险

除一般性项目风险外，IT项目还存在特有的风险。在实际工作中，我们可能还会遇到以下三个方面的常见风险：

1. 软件规模估算不准确

这会导致项目范围不准确，使项目范围基准非常脆弱。范围不准确还会造成成本估算不准确，并且影响项目的进度和质量。

2. 需求多变

如果需求变更导致范围基准改变，同样会引起项目范围变化，进而使项目的进度和成本随之改变，让项目团队不知所措。

3. 人才出现问题

人才或者说项目团队，正如前面所强调的，是IT项目的根本。如果人才出现问题，受影响的就不只是前两个方面，而主要是项目的三大基准和一大要素：范围、进度、成本和质量，这会对整个项目产生重大影响，甚至可能直接导致项目失败。

我们应如何管理这三个方面的风险呢？其实，跳过本章内容，读完本书的其他章节后，你会发现这些内容已回答了你的问题。做好项目范围管理，可以帮助你更好地管理需求方面的风险；做好软件规模估算、项目进度管理、项目成本管理，可以帮助你更好地管理项目管理范围方面的风险；而读完本书后，做好项目团队管理，就可以帮助你管理好人才或者说项目团队方面的风险。

9.3.3 项目风险管理的经验

未雨绸缪，方能在风雨来临之际从容应对。所以，真正的风险管理不只是预见风险，更在于如何有效地应对和化解风险。

1. 风险识别一定要系统化

风险识别的主体应包括项目中的团队成员在内的各方干系人，而不只是项目经理。

组织中的每个层级都必须有意识地积极识别并有效管理风险。系统化的风险识别是一个反复进行的过程，应从构思阶段开始，贯穿项目规划和执行的全过程。

访谈，特别是创建一个安全环境下的访谈，是一种非常好的风险识别实践。

2. 注意"冰山"下的风险

执行过程中最大的风险并非那些显而易见的、冰山上的风险，那些冰山下看不见的风险往往才是最致命的。通常，项目组最坏的情况是，大家对项目中的风险避而不谈，原因可能有以下四点：

（1）缺乏风险沟通渠道；

（2）提出风险也无济于事；

（3）负责人认为自己没有能力管理好当前项目；

（4）没有人反馈风险并不代表没有风险。

如果项目经理只能依靠正常渠道识别项目风险，这类问题就不可避免。那么，如何识别冰山下的风险呢？

其实，当常规渠道不起作用的时候，就要看项目经理的软技能了。比如非正式沟通。项目经理一定不能脱离团队，要构建自己的信息网络，如果没有群众基础，只是坐等别人上报风险，工作就没有做到位。一个优秀的项目经理必须是一个优秀的"情报人员"，上至最高的项目发起人及组织的各层决策者，下至项目边缘人群，比如外包人员、实习生、短期借调支持人员等，都要与他们建立广泛且深入的联系。

项目经理需要成为仆人式领导，需要用一颗真诚交流的心，关注项目中的每个角色、每个成员的需求，理解他们的困难，愿意为他们提供发展机会，帮助他们获得更大的成功。要记住，识别出的风险越多，项目的风险就越低。

3. 务必做好风险应对措施

对于发生概率很高的严重风险，一定要提前准备风险应对方案和危机应急预案。一旦风险和危机来临，应急预案就可以有效地降低风险带来的损失和危机造成的灾难。

在项目排期时，要确保有相应的故障演练计划，并且做好充分准备。也许有些风险预案永远都用不上，但是这并不意味着它们是多余的。在风险降临的危急时刻，它们的价值就会凸显出来。

在项目执行期间，已识别的风险会不断变化，新的风险也会产生。项目经理需要在每周的项目状态同步会议上，对风险进行再评估，并通过周期性的风险审查来识别新的风险。

因为变更随时会发生，人的状态也会随时变化，更不用说墨菲定律还会随时起作用。所以，风险管理措施肯定不是只做一次就行的。IT项目经理在这方面绝对不能偷懒，因为一偷懒，说不定风险就会造成损失。

4.树立正确的风险观

项目经理要明白项目风险是不可避免的，肯定会发生，迟早会发生。我们要做的就是面对并管理好风险，而不是回避风险，或者放任风险发生。有一部分人，不但不去解决风险，反而去解决提出风险的人，认为只要没有人提出来就没有风险。

很多项目团队都会瞒报或者报喜不报忧，项目经理一定要杜绝瞒报的情况。在实际工作中有一种常见的情况是，在项目出现问题或者延期时，如实汇报延期只会招来一顿责骂，久而久之，就没有人敢说真话了。

实际上，越是严格控制的系统，越是有问题都藏着掖着，很可能一出问题就是大问题。事物的发展总是从量变开始的，为了防止风险演变成问题，就要在项目早期建立系统性的保健机制。所谓的"治未病"，就是要未病先防，事后不如事中控制，事中不如事前控制。

关于执行中的风险，"群众"永远是最有发言权的。所以，我们要培养团队相互信任，营造工作透明的氛围，如果这个系统是健康的，一定能够自行呈现和反馈风险。建立系统性保障机制的关键在于，要致力于持续改善人与人之间的互动品质，提升项目团队的健康度。

除了要利用好非正式沟通技能，我们还需要经常做一些匿名的问卷收集或访谈，定期做一场坦诚的复盘会，这些都是系统性保健的好方法。做调查问卷，也是项目经理了解团队的重要方式之一。在每个重要版本结束时，都可以用调查问卷的形式收集大家的意见，下面是两个典型的问题。

（1）对这个版本研发过程的综合评分（包括迭代方式、工作量、工作压力、团队配合、时间管理等各个方面），这反映了过程满意度。

（2）对这个版本功能设计的满意度，即产品认可度。

当团队对产品的发展方向产生疑虑或不认可，或者是对过程中的管理方式或协作状态不满时，要允许团队各抒己见，充分沟通表达。事先预防永远胜过事后纠正，如果有意识地在团队中构建这样的常规反馈渠道，系统性风险提示和保健的作用就会逐渐发挥出来。这些都能帮助我们在整个项目团队中树立正确的风险观。

5.积极管理致命风险

当我们对风险进行分析评估之后，必然会对风险进行等级划分，有一般的，有严重的，还有致命的。

项目经理不是只要管理好常规执行风险就可以了，真正会导致项目失败的致命风险，往往在项目一开始就已经埋下了。比如公司高层对项目的态度和预期、项目目标与组织战略目标的一致性、项目依赖的重要资源方的合作关系、竞争对手及行业市场状况的变化、政策变化、监管风险等。

一旦致命风险发生，很可能回天乏术。有经验的项目经理可以从过往经历的失败中，敏锐地嗅到危险的气息。那么，项目经理可以做些什么呢？

（1）挖掘这些致命风险，让它们变得可见、可讨论。

很多管理者非常关心执行中的风险，却对这类致命风险讳莫如深，只是将其留在自己的脑海里，这样反而是最危险的。挖掘致命风险，通常会让我们对项目背景的理解更加透彻，并且对那些影响项目生死存亡的关键要事，有更加清晰的认知和规划部署。

（2）正视风险，不存侥幸心理。

和发起人共同想办法，发动核心团队，合力制定应对策略。

（3）在项目的核心团队中，周期性地梳理和同步风险状态。

其实，在互联网领域，成功突围者大多都是一路坎坷，从各种致命风险中闯出来的，堪称"九死一生"。致命风险的存在，本身就是一种警醒。加速构建核心能力，不断拓宽"护城河"，才是最根本的应对之道。

以上五点是我在日常工作中对风险管理的一些总结和实践，希望能够对读者有所帮助。

第 10 章

项目采购管理：成为合同专家

作为项目经理，我们时常面临着自制还是外购的关键决策。面对不断演进的技术和日益复杂的市场需求，项目经理必须成为精明的决策者和合同专家。在 IT 项目的世界里，无论是面对新技术的挑战还是传统采购的抉择，我们都需要具备敏锐的眼光和坚定的决心。在本章，我们将深入探讨项目采购管理的核心要素，从自制与外购的考量到合同管理的全过程，旨在帮助项目经理掌握项目采购管理的艺术。

10.1　都是花钱，自制和外购如何选择

随着社会化分工日益细化，在项目管理过程中，很多项目内容不再是事无巨细都由建设方生产。比如建筑行业，承建商虽是施工方，但他们并不自己生产钢筋、水泥、砂石等材料，而是向外采购后按照设计图纸施工。

在项目里，既然有采购，必然就有采购管理，即项目经理对项目团队从外部获取所需产品、服务或成果的整个过程进行管理。也就是说，项目不是孤立完成的，大多需要获取其他资源才能完成，无论是直接购买还是签订服务合同。从这个层面来说，项目采购管理既是一个填补资源缺口的过程，也是一种运用适当技术和项目管理工具管理该过程的方法。

10.1.1　向外采购能力的重要性

IT项目与传统项目（如建筑项目）的不同之处，在于其最重要的资源是人。但是，人要创造价值必然依赖工具。像使用的电脑、操作系统服务器、开发语言、IDE、工具类、插件类，甚至第三方接口、服务等都需要采购，不管是甲方内部项目，还是作为乙方的外部项目，这些都是IT项目中必不可少的组成部分。

当然，很多人会说，你所说的很多东西本来就有，不需要再采购。确实，很多可作为日常办公必备条件或工具，已经由公司统一采购了，部分IT项目只需利用这些已有的工具就能满足客户需求，达成项目目标。

但是随着IT技术的高速发展，技术在细分领域不断突破，特

别是以人工智能（AI）为代表的先进技术应用的落地，诸如视觉智能、自然语言处理、智能语音交互、智能决策等技术能力已经在各行各业被普遍应用，大大提高了IT项目交付产品的能力。比如很多产品中用到的人脸识别能力，以及像小爱同学、天猫精灵等所使用的语义分析能力，这些都能极大提高用户体验，增强产品竞争力。

如果我们作为乙方，中标了某个IT项目，或者接到某个外包项目，需要其中某一项能力。比如，给某市的机关事务管理局开发一个智能预约安全同行系统，要求自动给接收到预约请求的内部人员打电话，并根据内部人员的语音回复判断是否通过预约申请。这时难道要自己从头研究语音转文字和语义分析这两个属于自然语言处理（natural language processing，简称NLP）领域的方向吗？

我相信没有一个项目经理会选择这么做（当然不排除某些外包公司的负责人会要求项目经理这么做）。事实上，先不论这个项目团队有没有这种能力，就算有这种能力，要知道NLP是经过了近百年的发展后才有今天的大规模应用，至今，仍有很多科学家（请注意我这里用的是科学家而不是程序员）投入该领域的研究中，比如用于语言建模的递归神经网络和长短期记忆网络取代了前馈神经网络。

所以，我认为一个项目经理不会允许自己的团队，因为这样的小需求，就从头开始研究并开发自己的NLP能力，这样必然的结果就是——向外采购这种能力。

10.1.2　自制和外购产生争议的原因

都是花钱，自制和外购该如何选呢？在IT项目中，很多作为乙方的软件开发公司，特别容易产生是自己研发还是采购外部软件的争议。究其原因，我认为从本质上来看有以下三点原因：

1.领导不愿花钱采购，对软件开发认知浅薄

其实这也是很多小微公司，特别是专门从事软件外包开发的小公司的常见情况。负责人觉得只要最低限度地满足合同要求即可，网上有那么多免费资源，你们（程序员）想想办法，反正想花钱买是不可能的。

2.员工喜欢体现自身价值

这种情况在一些稍有规模的软件公司或者有自研产品的公司出现得较多。在公司内部，很多软件开发人员都不愿意读别人的代码、接手前人留下的工作，也不愿采购成熟的产品，觉得自己什么都能做，没必要买别人的东西，还要受别人的约束。

实际上，自研和采购这两种选择很难有标准答案，需要根据不同的时间和形势来决定。究竟是自研还是外购，核心原则是不管是自研还是采购，要能满足项目的要求，比如时间、成本、合同条款等。这一点是毫无疑问的，在IT项目软件开发中，如果真的遇到外购的情况，要么是自身技术达不到要求，要么是时间达不到要求，要么是自己开发性价比太低。

这时候，我们做采购决策分析就很简单了，如果是自身技术达不到要求，就直接采购。如果是时间达不到要求，为了保证进度，内部资源不够，加班加点也来不及了，那就只能把某一部分外包出去，也没什么可犹豫的，应该果断外购。

3.自研的性价比如何取舍

在项目范围内，我们可以通过自研工作量核算、成本核算、外购成本核算，经过比较之后再决定是否外采。这思路没问题，但优秀的项目经理并不只是单纯地考虑项目本身，我们是通过完成好每一个项目来帮助组织达成战略目标，是一个承接公司战略落地的角色。

所以，我们要更多地考虑这个系统模块是否构成公司的核心竞争力或者影响公司的生死存亡。如果是至关重要的产品，为了长远发展，我们可能就要自研；如果是外围产品，不影响公司的核心产品，而且外围可选择的供应商比较多，不至于被"卡脖子"，则可以选择外购。当然也需要考虑成本，但要确保公司的长远发展，这就要求项目经理必须具备战略眼光。

由于项目的复杂性，项目团队很可能无法依靠自身的力量完成项目的全部工作，所以需要把项目的一部分工作外包给其他组织，或者供应商、外包公司等，这种外包通常是以合同的形式来规范和执行的。

10.2 优秀的项目经理是"合同专家"

每一位优秀的项目经理或者立志成为优秀项目经理的从业者，都应当是一名"合同专家"。有人可能会问，通常项目交到我们手中时，关于这个项目的合同大多已经签订完毕了，我们基本上按照合同要求做就行了，有必要对合同了解这么多吗？

这是一种误解，项目合同实际上是许多IT项目经理极容易忽视的一个方面。

10.2.1 合同的概念

合同是项目采购管理中必不可少的一部分。可能有人会说，公司有采购部门，我只需要提出申请就可以了，采购部门会拟定合同、签订合同，不用自己操心。这种想法理论上没错，实际情况是这样吗？扪心自问，采购部门很难完全满足我们的要求。

如果所在公司没有专门的采购部门，对外采购合同通常由项目经理起草。因此，不管处于哪种组织，都要求项目经理对合同了如指掌。

在项目管理语境下，合同就是强制卖方提供规定的产品、服务或成果，强制买方向卖方支付相应报酬，建立受法律保护的买卖双方关系。

10.2.2 合同的管理过程

说完合同的概念，接下来看看管理合同的过程，或者说是合同的生命周期。

1. 供应商筛选

一般而言，供应商筛选肯定由项目经理负责，因为最清楚需求的只有项目经理。当然，为保障公司利益也好，为遵守公司相关规定也好，无论是采购商品还是服务，询单、比价都是必不可少的。原则上，对合格的供应商要货比三家。

2. 合同模板检索与合同起草

（1）合同模板检索。

采购合同的合同模板，我们可以从组织的知识库中检索，看看之前的项目中是否采购过相同或者类似的产品，可以把之前的合同复制出来，按照当前情况修改。如果没有，我们可以到国家市场监督管理总局网站的合同示范文本库中查找。

如果有合同模板，不仅能够直接套用合同的格式与通用或必要条款，还能提高效率，快速使合同进入下一阶段，把时间与精力分配到更重要的项目管理中。

（2）合同起草。

如果没有合同模板，就需要临时起草一份新合同。起草合同应注意不能遗漏任何一般条款，当事人也可以根据双方的实际需要自

155

行约定一些条款，但是自行约定的条款不得违反法律法规的强制性规定。

根据《中华人民共和国民法典》第四百七十条的规定："合同的内容由当事人约定，一般包括以下条款：（一）当事人的姓名或者名称和住所；（二）标的；（三）数量；（四）质量；（五）价款或者报酬；（六）履行期限、地点和方式；（七）违约责任；（八）解决争议的方法。当事人可以参照各类合同的示范文本订立合同。"

当然，具体到项目管理中，可能还需要包括以下内容：进度计划、里程碑，或进度计划中规定的日期；绩效报告；验收标准和方法；担保和后续产品支持；激励和惩罚；下属分包商批准；技术成果的归属；名词术语解释；技术情报和资料的保密；风险责任的承担；变更请求处理。

（3）合同审核。

合同一般由公司法务或外聘法律顾问审核。需要注意的是，如果是外聘法律顾问，虽然合同审核是律师的基本功，但不是所有律师都擅长审核合同。

合同审核并非仅仅是书面修订工作。在审核之前，如果不了解公司业务，以及合同订立的商业目的与特定行业的专业知识，合同审核就会流于形式，只是做表面文章。比如在IT项目中，如果法务人员或者法律顾问完全不了解IT行业，那么项目经理需要注意的是，在实际情况中，此时法务人员或者法律顾问能发挥作用的地方更多体现在商业条款上，其他条款则由项目经理与发起人审核更为合适。

如果是交易相对方提供的合同文本，特别是那种所谓的"制式合同"，除特殊情况外，能不签就不签，此时我们是甲方，我们出钱购买东西，当然要按照自己提供的合同来签订。因为这种所谓的

"制式合同"往往存在某种隐形陷阱,比如逻辑矛盾、权利义务不对等、必要法律条款缺失等单方面对他们有利的条款。

(4)合同履行。

合同履行是合同管理中非常关键的一个过程,其目的在于确保合同得到切实履行,实现合同目的,为公司带来经济利益。就我们最常使用的采购合同的履行而言,比如常见的技术服务采购合同,合同约定甲方分阶段向技术服务提供商支付服务费,分阶段付款以分阶段完成的技术任务为必要条件。

在合同履行过程中,每一笔款项支付之前,都要先核对该阶段的技术任务是否已经保质保量完成。如果没有按时完成或者到期后交付的技术成果不合格,那么按照原合同的相关约定,要求未按约履行的一方承担违约责任,或者经双方协商,另行达成其他补充约定。

另外,在IT项目中,还有一种常见情况需要签订补充协议,依据《中华人民共和国民法典》第五百一十条规定:"合同生效后,当事人就质量、价款或者报酬、履行地点等内容没有约定或者约定不明确的,可以协议补充;不能达成补充协议的,按照合同相关条款或者交易习惯确定。"

除此之外,在合同履行中,比较麻烦的是合同的变更与提前解除。当事人经协商一致,可以变更或者解除合同。或者按照《中华人民共和国民法典》第五百六十三条规定:"有下列情形之一的,当事人可以解除合同:(一)因不可抗力致使不能实现合同目的;(二)在履行期限届满前,当事人一方明确表示或者以自己的行为表明不履行主要债务;(三)当事人一方迟延履行主要债务,经催告后在合理期限内仍未履行;(四)当事人一方迟延履行债务或者有其他违约行为致使不能实现合同目的;(五)法律规定的其他情形。"

很多公司在签订合同时都很慎重，会安排法务人员或者委托律师顾问在合同订立环节参与其中，进行慎重审核。但是在订立后的合同履行环节，往往重视不足，无论是公司负责人还是项目经理本人，都天然地认为别人既然签订了合同就会百分之百地按照合同履行。然而实际情况往往相反，很多时候乙方并没有及时、保质保量地按照合同约定履行，很可能对项目造成重大影响，进而影响公司的经济利益。

这时候，就体现出项目采购管理中控制采购的重要性了。项目经理需要管理好采购关系，监督合同履行的绩效，若发现问题，则要实施必要的变更和纠偏，直到最终完成合同。

需要注意的是，在这个过程中，一般可能需要其他职能部门来配合。比如以技术服务采购合同为例，当我们确认乙方提供的这一阶段的服务符合验收标准后，就需要财务部门打款，乙方才会开始下一阶段的服务，那么项目经理对这中间时间点的把握就需要控制好，按照之前相关方管理中针对财务部门的策略做好"财务部门"这个相关方的管理工作。

合同管理部门应要求合同履行部门定期统计本部门各类合同的进度情况，对于合同履行的进度，主要应关注产品交付/验收状态、产品交付/验收完成时间、收款/付款情况，并将合同的执行情况与合同约定情况进行对比，提示未按约定时间进行的事项、原因，以及由此产生差错的可能性和影响，并制订后续跟进计划。合同管理部门可会同相关业务部门根据业务特点对重要类型合同设置合同履行的里程碑，并关注里程碑完成情况。

同时，项目经理也应汇总各部门各类合同进度完成情况，提示重大未履约事项、原因，以及可能产生的影响和后续跟进计划，作为定期汇报给相关方和公司高层的项目报告中的一部分。

当合同履行完毕，项目经理需要确认双方再无任何权利义务关系，还应及时对合同及其相关资料进行整理并妥善保管，尽可能完善相关证明和记录，不能认为对方当下没有否认就万无一失。

合同资料是产生合同纠纷时重要的证据来源，很多诉讼失败都是由证据管理问题造成的，而非事实问题造成的。事后应对处理是在事前防范和事中控制未奏效的情况下，为减少自身的经济损失、维护公司的合法权益不得已的措施之一，但也是合同风险防范的最后保障。

（5）纠纷索赔。

合同纠纷是指因合同的生效、解释、履行、变更、终止等行为而引起的合同当事人的所有争议。合同纠纷的内容主要表现在争议主体对于导致合同法律关系产生、变更与消灭的法律事实，以及法律关系的内容有着不同的观点与看法。合同纠纷的范围涵盖一项合同从成立到终止的整个过程。

解决途径方面，首先，通常经公司领导人决策，通过相应渠道与对方协商解决。如果经过协商仍不能解决合同纠纷，那么可以根据当地情况，由政府建设主管机构进行调解，若仍调解不成，可以委托律师出具律师函或直接起诉或申请仲裁。但是，为了最大程度解决问题并节省资源和时间，优先顺序一般为谈判（协商）、调解、仲裁、诉讼。

当这个项目合同产生的纠纷给另一方当事人造成损失时，除依法可以免责的情形外，应由责任方负责赔偿。这时候我方就可以提出反索赔（索赔就是乙方向甲方提出的要求，这就叫索赔，甲方向乙方提出的要求就叫反索赔）。一般情况下，主要是工期索赔和费用索赔。

在IT项目中，一般的采购合同中争议比较多的通常是范围和质量,也就是要做什么东西和这些东西的验收标准。回顾来看,绝大多数产生争议的合同往往是因为合同条款不清楚,存在模糊地带,所以合同条款最好是能细致就细致。因为软件或者服务就是这样,在最终完成之前是看不见摸不着的,只能用尽可能多的条款内容去规范性地描述它,模糊地带越少越好,有争议或者容易引起歧义的地方越少越好。

总之,项目采购管理的过程就是合同的管理过程,因为项目采购管理是围绕合同这个核心去完成各个过程的。

10.2.3 合同的类型

接下来,我们再看看合同有哪几种类型,以及我们又该如何选择合同类型。

1. 以项目范围为标准划分

按项目范围划分,可以分为项目总承包合同、项目单项承包合同和项目分包合同。

(1)项目总承包合同。

买方将项目的全过程作为一个整体发包给同一个卖方的合同。采用总承包合同的方式一般适用于经验丰富、技术实力雄厚且组织管理协调能力强的卖方,这样有利于发挥卖方的专业优势,保证项目的质量和进度,提高投资效益。采用这种方式,买方只需与一个卖方沟通,便于管理与协调。

(2)项目单项承包合同。

一个卖方只承包项目中的某一项或某几项内容,买方分别与不同的卖方订立项目单项承包合同。采用项目单项承包合同的方式有利于吸引更多的卖方参与投标竞争,使买方能够选择在某一单项上实力强的卖方,也有利于卖方专注于自身经验丰富且技术实力雄厚的部分的建设,但这种方式对买方的组织管理协调能力提出了较高的要求。

(3)项目分包合同。

经合同约定和买方认可,卖方将其承包项目的某一部分或某几部分项目(非项目的主体结构)再发包给具有相应资质条件的分包方,与分包方订立的合同称为项目分包合同。

当然,订立分包合同是有前提的,必须满足以下五个条件。

①获得买方的认可。

②分包的部分必须是项目非主体工作。

③只能分包分项目,不可转包整个项目。

④分包方必须具备相应的资质条件。

⑤分包方不得再次分包。

一般情况下,项目经理倾向于使用总承包合同,因为这样只需管理一个供应商,也只需关注一份合同。然而,当采购的部分极为复杂,或者规模较大的时候,又或者追求极致性价比的时候,也会采用单项承包合同。若是如此,对项目经理来说,将会是一个沉重的负担,项目经理需要慎重考虑。

至于分包合同,我通常很少使用,因为中间隔了一层,项目经理对这一层级的供应商的控制力太弱,而且沟通起来障碍重重。很多时候,这些分包商要么无法在规定时间交付产品或服务,要么交付的产品或服务达不到验收标准,从而影响整个项目的进度。

2.以项目付款方式为标准划分

按项目付款方式划分,可以分为总价合同、成本补偿合同和工料合同。

(1)总价合同。

为既定产品或服务的采购设定一个总价。采用总价合同,买方必须准确定义要采购的产品或服务。从付款类型来划分，总价合同又可以分为以下五类。

①固定总价合同：价格一开始就被确定，并且不允许变更，成本增加均由卖方承担。这是买方（即甲方）最喜欢的合同类型，因为所有风险都由卖方（即乙方）承担。

②总价加激励费用合同：允许存在一定的绩效偏差，并对实现既定目标给予财务奖励，要设置一个价格上限，卖方必须完成工作且承担高于上限的全部成本。

③总价加经济价格调整合同：卖方履约需跨越相当长的周期（数年）、维持多种长期关系。

④订购单：当非大量采购标准化产品时，通常可以由买方直接填写卖方提供的订购单，卖方据此供货。由于订购单通常不需要谈判，所以又称为单边合同。

⑤成本补偿合同：向卖方支付为完成工作而发生的全部合法实际成本（可报销成本），外加一笔费用作为卖方的利润。

（2）成本补偿合同。

可针对卖方超过或低于预定目标规定财务奖励条款。在此种合同下，买方承担的成本风险最大。这种合同适用于买方只知道要一个什么产品但不清楚具体工作范围的情况，即适用于工作范围不明确的项目。当然，成本补偿合同也适用于买方特别信任的卖方，希望与卖方全面合作的情形。成本补偿合同可以分为以下三类。

①成本加固定费用合同：为卖方报销履行合同工作所发生的一切合法成本（即成本实报实销），并向卖方支付一笔固定费用作为利润。

②成本加激励费用合同：为卖方报销履行合同工作所发生的一切合法成本（即成本实报实销），且在卖方达到合同规定的绩效目

标时，向卖方支付预先确定的激励费用。

③成本加奖励费用合同：为卖方报销履行合同工作所发生的一切合法成本（即成本实报实销），买方再根据自己的主观判断给卖方支付一笔利润。

（3）工料合同。

工料合同指按照项目工作所花费的实际工时数和材料数，依据事先确定的单位工时费用标准和单位材料费用标准进行付款，计算公式为

$$合同款 = 计划价格 \times 实际工作量$$

工料合同可以说是总价合同和成本补偿合同的一种混合形式，这类合同适用于工作性质明确、工作范围比较清晰，但具体工作量无法确定的项目。工料合同在金额小、工期短、不复杂的项目上能够有效使用，但不适用于金额大、工期长的复杂项目。

就像我们作为乙方要交付项目时一样，作为甲方的客户最喜欢签订固定总价合同。而当我们在项目中进行采购，角色转变为甲方后，我们也倾向于签订固定总价合同，因为这样风险最小。并且，如果甲方随意变更项目范围、随意进行需求变更，我们也能够对乙方提出同样的要求。对于这种随意变更项目范围、随意进行需求变更所带来的弊端，前面的章节已经讲了很多，这里不再赘述。

在实际工作中，尤其是IT项目，只要甲方随意变更项目范围、随意进行需求变更，项目几乎没有不烂尾的，哪怕最后想尽办法修修补补勉强上线，也是靠拖延时间到双方都实在无法忍受才勉强验收。基本上是双输的局面，甲方没有得到预期的效果，还花费了不少金钱，浪费了大量时间；乙方投入了众多人力、物力和时间，最后亏损，还不如当初承接其他项目，至少能够盈利。

实际上，在项目发起时，甲方对于自己想要做什么并不清晰明确，而乙方为了尽快拿下业务，销售人员会迎合甲方。大多数情况下，正是甲乙双方的失误给后续承接项目的项目经理带来了无穷无尽的麻烦。

10.2.4　选择合同时要遵循的原则

项目经理很多时候无法决定项目的合同，但项目的采购合同就需要谨慎选择了，选择合同时一般要遵循以下原则：

（1）如果工作范围很明确，且项目设计已具备详细细节，则采用总价合同。

（2）如果工作性质清晰，但范围不明确，而且工作不复杂，又需要快速签订合同，则采用工料合同。

（3）如果工作范围尚不清楚，则采用成本补偿合同。

（4）如果双方分担风险，则采用工料合同。

（5）如果买方承担成本风险，则采用成本补偿合同。

（6）如果卖方承担成本风险，则采用总价合同。

（7）如果是购买标准产品，且数量不大，则采用单边合同。

在本节最后，我还想说明的是，一旦签订合同，就必须将这些供应商的管理纳入总体管理职责范围。供应商可能会对预算和进度产生负面影响，从而导致项目偏离轨道甚至更糟。因此，定期更新状态对于审查供应商合同、获取进度更新和审查工作绩效是必要的，以确保供应商满足其合同中所概述的要求。

项目经理应明白，尽管所选择的供应商是这方面的专家，但仍需监控和跟踪其工作，确保其工作按计划进行，从而保障项目工作的正常进行。

第 11 章

平衡项目相关方的利益

我们都知道,每个项目都面临着复杂的挑战,而这些挑战往往源于人际关系的微妙平衡,人与人之间的互动如同一场精心编排的舞蹈,每个参与者都有自己的节奏和步伐。项目经理则扮演着指挥者的角色。作为项目经理,如何有效地识别和管理这些关键人物,确保团队能够和谐共舞,这是项目经理永恒的主题。

我们通过一个生动的案例分析,揭示了未能妥善管理相关方所带来的后果,并提出了开好项目启动大会与项目开工大会的建议,以此作为项目成功的起点。此外,我们还分享了相关方沟通的基本原则和实用方法,强调了沟通在项目管理中的核心地位。遵循这些原则和方法,项目经理可以更好地驾驭项目中的人际关系,从而提高项目的成功率。在这个过程中,我们始终坚信,管理好"人"比管理"事"更重要,因为人的因素才是项目能否成功的关键。

11.1 谁是项目相关方

在项目管理中，项目经理最重要的是管好人，与项目有关系的各类人，如果管不好人，这个项目就无法成功。为什么这么说呢？太多的经验、教训、书籍，以及各种以戏剧、电影、电视、文学作品等为形式的载体都告诉我们，大部分阻碍取得成功的困难都来自人本身。

很多时候项目遇到的挑战和阻力都来自人，项目经理不能只管事，也要把这部分人管理好。我们就把这部分人归类为项目相关方，或者叫干系人。

11.1.1 了解相关方

下面从相关方的概念、分类和角色来了解相关方。

1. 相关方的概念

我们再来看看专业术语是如何定义的，根据《项目管理知识体系指南（PMBOK®指南）：第六版》给出的相关方定义：相关方（stakeholder），能影响项目、项目集或项目组合的决策、活动或结果的个人、小组或组织，以及会受或自认为会受它们的决策、活动或结果影响的个人、小组或组织。

2. 相关方的分类

项目相关方包含三类不同的人。

（1）能够影响项目的人。比如负责人或直接领导，他们提供人才、资金和资源，必然是能够影响项目的。

（2）会受到项目影响的人。比如其他的项目组、其他的职能部门，由于项目占用了他们的资源或者影响了他们的工作，他们受到影响，所以也是项目相关方。再比如，从其他项目组或部门借调了人员，员工原本在做自己的工作，突然被借调，心里肯定会不平衡，这就需要看项目经理如何发挥软技能来安抚员工的情绪。

（3）自认为会受到项目影响的人，比如某个业务部门的领导或者成员。原本所做的东西不是给他们使用的，但他们觉得可能将来会推广到自己的部门，认为自己会受到影响，这时他们也成为项目相关方。这类人并非存在于所有项目中，一旦存在，就是需要重点管理的对象。

项目经理最终的目标是完成项目，达成项目目标，所以这三类项目相关方都需要顾及。如果我们忽略了其中一类相关方，这部分项目相关方日后就有可能成为项目中非常大的阻力和挑战。

说到这里，不知道大家是否发现，前面的举例都是从公司内部的视角出发的，不管是负责人、领导，还是其他项目组和其他职能部门，都是从组织内部来讲的。一般而言，甲方内部的项目经理只需应对内部的相关方。在实际工作中，大多数项目经理属于乙方。因为他们不但要跟内部相关方打交道，还要安抚好外部相关方。

为了便于理解，我们从外部相关方的视角重新对这三类相关方举例。比如，某公司作为甲方要开发一套ERP系统，而我们公司作为乙方中标了。如果我是乙方的项目经理，那么对我来说，外部相关方就变为以下三类：

第一类，能够影响项目的人，即甲方的负责人或高层。

第二类，受到项目影响的人，即将要使用ERP系统的部门或职员。

第三类，自认为会受到项目影响的人，许多上下游的供应商、加盟商，以及各种有利益关系的人。

3.相关方的角色

一般情况下，IT类项目的主要相关方有哪些呢？我大致总结了以下十种角色。

①项目发起人（负责人、高层领导）。

②高级管理层。

③职能经理和职能部门（资源经理）。

④项目经理。

⑤项目管理团队（项目管理办公室，简称PMO；变更控制委员会，简称CCB）。

⑥项目团队。

⑦客户（合同客户、最终用户）。

⑧合作伙伴。

⑨供应商。

⑩政府职能部门或监管机构。

这些只是大致的归纳，某类角色是由不同的人员组成的。比如客户，出钱买单的是合同客户（或称为甲方），最终使用的是最终用户（也就是最终使用这套系统的人），而合同客户又分为甲方的负责人、甲方相关的高层、甲方的对接人（或者甲方项目经理）等，不同的人需要运用不同的管理和沟通方式。总之，对于相关方的认识，有以下两点需要注意：

第一，不能简单地认为项目相关方是一个人，实际上相关方还有可能是一个群体或者组织。

第二，相关方不只是能够影响项目进展的相关方，还要考虑受到项目影响的相关方。

11.1.2 让所有相关方满意的策略

项目经理很难在一个复杂且拥有众多相关方的项目中，让每个相关方都满意。在项目中，很多时候相关方的利益是相互冲突的。

比如，某公司为提升管理效率，防止代打卡现象蔓延，需要更换成人脸考勤系统，于是找到IT公司开发一套人脸考勤系统并尽快投入使用。可以想象，甲方公司的负责人肯定希望项目尽快完成并投入使用。而作为使用者的普通员工会觉得不方便，尤其是那些经常迟到早退或者请别人代打卡的员工，肯定会抵制这个项目，想尽办法拖延、各种不配合，还会说系统不好用。

项目经理如何让公司负责人和员工这两个相关方都满意呢？很难做到，对吧？因为这种利益冲突几乎不可调和，这并不是由项目本身带来的，而是一直存在的劳资双方的利益冲突，只不过在这个项目中又一次体现出来了。

项目经理做不到让所有相关方都满意，但至少可以做到让所有关键相关方满意。那么，什么是关键相关方呢？

1. 提供资金的人

如果我是一个乙方项目经理，我认为首要是提供资金的人。换句话说，和我们签合同、付合同款的人就是最重要的相关方。

2. 公司的负责人或高层

一般他们也担任项目发起人的角色，我们通过完成这个项目肯定要达成一个目标，要么获取商业利益，要么通过这个项目助力公司达成战略目的。所以，他们也会给予你所需的各种资源来帮助完成项目。这无需多言，肯定是重要的相关方。

3. 项目团队

他们是每天与你一起工作，相互信任、支持、协作并且拥有共同目标的一群伙伴，没有他们，项目根本无法完成，也是重要的相关方。

以上是我总结的一般情况下的关键相关方。在不同的组织或者不同的环境下，关键相关方也有所不同。比如你是甲方的项目经理，开发出来的系统是为了满足内部某个部门的使用，那么这个部门的领导就变成了关键相关方，必须让其满意。在某个项目中，直接给钱的不一定是真正的甲方，真正有话语权的反而在使用者手中，那么这个使用者就是我们的关键相关方，务必要让其满意。

在我看来，一个项目的成功并不是拿到所谓甲方签字的项目验收报告，拿到验收报告仅仅意味着项目的完成。项目经理的目标是让每个项目都获得成功，项目成功的标准是让关键相关方满意，让公司达成目的（或是盈利），让团队得到成长，这才是一位优秀项目经理或者立志成为优秀项目经理的追求。

11.2　相关方管理中的常见难点

在项目管理进程中，最大的挑战往往不是技术难题，而是如何处理复杂的团队管理难题。一位优秀的项目经理不但要懂技术，更要善于处理人与人之间的微妙关系。

11.2.1　没做好相关方管理的后果

下面来看一个真实的项目案例。

（1）项目背景：我们与当地电信下属的A公司（中标公司）合作开发一个安全出入系统，以满足客户（市机关事务局）对市政府大院的门禁、预约、会务、停车、安全出入等需求，同时移动端要集成到市政府的智慧大院App中。

（2）项目的大致过程：营销中心项目部的项目经理小张接到任务后，在市场部商务人员的协助下直接与A公司的对接人小王沟通，经过几次口头讨论便确定了需求，回到公司后直接找到研发中心开发一部、二部的开发人员开始开发。

（3）项目的结果：项目延期、频繁返工、开发人员怨声载道、合作伙伴诸多不满、客户要求承担违约责任。

这个结果不难预料，中间犯了太多错误。小张辩称自己有PMP证书，按照规范流程管理项目，也做好了相关方管理，与A公司的小王保持充分沟通，最终项目失败不是他的原因，但事实真的是这样吗？

答案显然是否定的，小张最大的错误就是没有做好相关方管理。

纵观现代项目管理的三大体系——PMP、PRINCE2、IPMP，都表明相关方很重要，管理好相关方是决定项目是否成功的关键因素。

在PMP体系中，《项目管理知识体系指南（PMBOK®指南）：第六版》用整整一章"项目相关方管理"的篇幅，通过识别相关方、规划相关方参与、管理相关方参与、监督相关方参与四个过程，以及利用相关方分析、权力利益方格、凸显模型、相关方参与度评估矩阵、多标准决策分析/沟通技能、人际关系与团队技能等几十种工具和技术来告诉我们如何做好相关方管理。

而与PMBOK告知我们该干什么不同，PRINCE2告诉我们该怎么做，它把项目利益相关方分为三种：代表项目发起人利益的项目主管、代表项目使用者利益的高级用户、代表项目交付方利益的高级供应商。PRINCE2通过在项目管理委员会引入三方代表，确保在项目的高层就项目的各方利益达成共识，有利于项目的实际推进，促使项目的完成并使得各方利益得到平衡与满足。

这三种利益相关方各自有不同的利益诉求，因此在项目中往往会产生冲突，需要协同配合，促使三方既合作又平衡，共同朝着项目创新目标努力。最后，IPMP体系中对相关方的定义及管理类似PMP体系，在此不再赘述。

无论是PMP还是PRINCE2，书看完感觉学会了，但一到实际项目就焦头烂额，进度延迟、范围蔓延、团队成员情绪低落、甲方不满、公司负责人没有好脸色，疲于应付各种麻烦。这可能是很多项目经理的常态。

我们再回头看这个案例，识别出的相关方有哪些呢？

市机关事务管理局（用户）、市政府大院内的各部门各单位（用户）、市政府大院外的各部门各单位（用户）、需要进入市政府大院内的人员（用户）、电信下属A公司（客户）、智慧大院App开发方（第三方公司）、海康威视（设备供应商）、市场部（职能部门）、开发一部和二部（资源部门）、营销副总（项目发起人）、研发总监（资源部门负责人）、公司高层（负责人、运营总监）、项目团队。

如果按照内部和外部来划分，则可以得到以下结果：

（1）外部相关方：市机关事务管理局（用户）、市政府大院内的各部门各单位（用户）、市政府大院外的各部门各单位（用户）、需要进入市政府大院内的人员（用户）、电信下属A公司（客户）、智慧大院App开发方（第三方公司）、海康威视（设备供应商）。

（2）内部相关方：市场部（职能部门）、开发一部和二部（资源部门）、营销副总（项目发起人）、研发总监（资源部门负责人）、公司高层（负责人、运营总监）、项目团队。

这时很多人会说，熟读《项目管理知识体系指南（PMBOK®指南）：第六版》和《PRINCE2®成功的项目管理方法论》，当然知道客户很重要、用户很重要、供应商很重要、合作伙伴很重要，做项目时一定要管理好这些相关方，利用权力利益方格、权力影响方格，或作用影响方格、责任分配矩阵（RACI）等工具。

从权力、作用态度、信念、期望、影响程度、与项目的邻近性、在项目中的利益、与相关方和项目互动相关等方面考虑，一定能把项目做好。当时的小张也是这么想的，结果呢？

11.2.2 如何正确识别相关方

案例中的小张犯的一个错误就是没有正确识别相关方。等到我处理这个项目时，已经严重延期了，需求来回反复变更，开发团队怨声载道，客户的印象也极差，小张也疲于应付。我接手后将项目第一期快速收尾，然后带领项目团队复盘，发现这个项目之所以失败，就是从一开始识别相关方就出了问题。那么，项目经理在识别相关方时犯了什么错误呢？

小张把市机关事务管理局（用户）和电信下属A公司（客户）混为一谈，认为A公司就是需求提出方，没有认识到此项目真正要满足的是市机关事务管理局的需求。所以，没有把市机关事务管理局纳入相关方管理规划，完全忽略了其需求，误把电信下属A公司的需求当成了项目的主要需求来源，结果可想而知，需求不对，项目怎么可能成功？

小张犯的第二个错误是把相关方当成一个人。为什么这么说呢？小张在错误识别关键相关方的基础上，在错误的道路上"狂飙"而去，他在与电信下属A公司确定需求的过程中，只是与A公司的项目经理小王频繁确认需求，并没有征求A公司领导的意见，也没有当面向A公司领导确认小王的想法是否代表了A公司高层的想法。简单地认为小王说的就是A公司的意见，直接安排开发人员开发，开发完成后，不要说满足市机关事务管理局的需求了，连电信下属A公司领导那一关都过不了，导致需求来回反复修改，开发人员苦不堪言，结果可想而知。

我们不能简单地认为项目相关方是一个人，相关方有可能是一个群体或组织。在实际项目中，相关方是一个群体或者组织的比例非常大，这就要求项目经理必须练就一双发现真正关键相关方和相关方中"话事人"的火眼金睛。

如果前面两个错误都是没有正确识别外部相关方，小张犯的第三个错误就是忽略了内部相关方，这也是此项目最严重的错误。为什么这么说呢？作为项目经理，我们都知道做好相关方管理对项目的成败至关重要，但是很多项目经理通常都喜欢把目光和重点放在外部，而忽略内部的相关方。

很多人会觉得小张没有经验，连谁是甲方都分不清楚，怎么可能做好项目。如果你是这么想的话，我要泼一盆冷水了。

小张在做项目的过程中，不仅没有做好外部相关方管理，内部也同样没做好。因为小张所属公司是一个非常典型的职能型软件开发公司，分为三大中心：研发中心、营销中心、运营中心。而项目部、市场部归属营销中心，产品部和开发部归属研发中心，小张在调研完需求后，直接安排开发人员开发，结果可想而知，开发人员根本就没当回事儿，先不说完成的质量如何，甚至都不会排进自己的工作计划。

为什么这么说？该公司是一个典型的职能型组织，每个人都有其直属上级，有自己要完成的任务，有部门安排的目标，从上至下进行垂直管理。项目经理没有与研发中心的领导和开发部门的经理进行沟通，直接通过工单派发任务，结果就是工单无人理会。

先不说小张收集的需求合不合理，是不是真实需求，他制订的项目进度管理计划根本就执行不了，因为根本没有人完成开发任务，用他的话来说就是"腹背受敌"，用我的话来说就是自作自受。

11.2.3　项目启动与开工的关键会议策略

在职能型组织环境下,项目经理要开展项目工作确实不易。那么,我们应该怎么做呢?

照搬 PMP 和 PRINCE2 中的理论、方法、工具、技术等有用吗?答案是肯定的,不然我们学习这些知识体系做什么呢?但是生搬硬套肯定不行,我们要活学活用、剪裁落地才行。

解决第11.2.2节所述三个错误的办法就是开好项目启动大会和项目开工大会。

1. 项目启动大会

时间:通常在项目启动阶段结束时召开。

参会人员:全部相关方或关键相关方的高层,包括但不限于甲方领导、甲方项目负责人、乙方领导(能够提供资源支持)、乙方项目经理、乙方核心团队成员、乙方商务人员、核心合作厂商等。

内容:会上发布章程,任命项目经理,赋予项目经理动用组织资源的权力;澄清项目目标、范围等或粗略的管理计划;让各相关方(特别是甲方)表达全力支持项目的决心和承诺,使客户方从上到下达成共识,为项目团队日后开展相关工作扫除障碍。

在项目启动大会上,项目经理首先应邀请各外部相关方的领导、高层和代表参会,并再次明确其身份,以及在项目中应承担的责任和义务。其次,邀请拥有高级权限的内部相关方(包括负责人、高层、各职能经理、资源经理等)参加项目启动大会。在启动会中要确保项目章程通过,其中最重要的是任命项目经理,赋予项目经理动用组织资源的权力。

2. 项目开工大会

时间：在规划阶段结束时召开。

参会人员：关键相关方，特别是内部相关方的负责人、项目团队。

内容：会上中确定项目组织结构，落实具体项目工作，明确个人和团队职责范围，获得团队成员承诺，让团队成员互相认识，正式批准项目管理计划，并在相关方之间达成共识，获得各个相关方对项目管理计划的认可，同样为项目团队日后开展相关工作扫除障碍。

项目开工大会（项目开踢会），这个会议非常重要，除了启动大会的关键相关方，内部相关方和项目团队也一定要参加，会上要介绍项目主要信息，比如项目的组织结构、管理计划、进度里程碑计划、风险控制流程等。这对鼓舞团队士气、树立项目经理威信、建立相关方信心、面对面沟通获得相关方对项目的支持、获取公司负责人和高层领导的支持非常重要，同时获得各个相关方参与并支持项目的重要承诺。这对我们以后开展项目工作至关重要，是决定项目成功与否的关键因素。

11.3　相关方沟通的原则和方法

开好项目管理的启动大会和开工大会是个良好开端，但成功不止于此。在实践中，单凭会议无法确保项目成功，因为会议只是规划而非执行。在IT项目管理中，人比事更重要，由于人具有不可预测性，需要更多的管理关注。

依据《项目管理知识体系指南（PMBOK®指南）：第六版》，顶尖项目经理会将大约90%的时间用于沟通。我的经验也证实了这一点：项目经理若专注于文档工作，项目就容易出问题；反之，频繁与各方沟通的项目经理往往能取得更好的成果。这就凸显了沟通的重要性。同样,黄金圈法则也解释了为何如此:该法则分为三个层次——why(为何)、how(如何)、what(何事)。多数人从 what(何事)出发,而优秀的项目经理则从 why(为何)开始思考。

所以,在项目管理中,沟通至关重要。顶尖项目经理投入大量时间进行沟通,包含以下六个关键方面。

(1)目标一致,利益先行:确保所有相关方的目标一致,并且优先考虑各方利益。

(2)横向沟通,及时有效:同级之间保持开放且高效的沟通渠道。

(3)向上沟通,借力使力:与上级领导沟通时,学会借助他们的资源和支持。

(4)以人为本,把人当人:在沟通中尊重每一个人,理解他们的需求和动机。

(5)软技能,非正式沟通:运用软技能和非正式沟通方式来增强关系。

(6)贴近业务,适应变化:保持对业务的理解,并能够灵活应对变化。

这样的沟通策略有助于项目经理更好地管理项目中的人际关系,进而提升项目的成功率。

11.3.1 目标一致,利益先行

相关方,也叫利益相关方,但凡涉及人或者组织,就必定存在利益关系,如果利益关系处理不好,任务肯定无法完成。比如内部相关方,大家都在一个组织中,按理说目标应该是一致的,既然是为了公司完成项目,就应该合作一起把项目完成好,实际情况是这样吗?

多数实际情况并非如此。作为一个组织，大家的整体战略目标是一致的，但是具体到每个业务部门，虽然要为组织的整体战略服务，根据它们自己在组织中的定位、需要完成的目标等，每个业务单元都有自己的战略，而且不同的人也有不同的行事风格和部门规则。每个人、每个部门都有自己的利益诉求。项目经理如果只是扛着公司战略的大旗，不考虑内部相关方的利益，肯定很难获得支持。项目经理要重点考虑谁的利益呢？资源部门及资源部门的负责人，也就是研发中心的利益。

举个例子，如果我需要开发人员，要从研发中心借人，一旦借走了人，势必造成研发中心的进度安排出现问题。那么我就要找研发中心负责人商量，会在项目预算中增加一个新的开发人员预算，借调四个人，项目完成后归还五个人，这样以后安排任务的空间就更大了。

在项目期间，这四个开发人员的绩效奖金由项目组承担，不占用研发中心的奖金池，这样每个人的奖金会增多，并且能保证开发人员的项目奖金比部门的绩效奖金多一点。至于研发中心的工作安排，我会先找公司负责人说明情况，帮助协调好，不会让人为难。最后，项目成功了，一定会单独记一功。这样操作下来，不管是研发负责人，还是借调过来的四个开发人员，都会皆大欢喜。

如果用利益打动不了，就要请出项目发起人了，一般就是公司负责人或者高层，由他出面协调。

11.3.2 横向沟通，及时有效

项目经理大部分时间都用于沟通，可见沟通对项目的重要性，而沟通最重要的就是及时有效。及时，能确保相关方第一时间了解项目的各种情况；有效，能确保传递给相关方的信息清晰准确，并

且能够得到准确的反馈。及时有效的沟通可以借助各方面的经验和意见规避常见风险。若沟通不及时，严重时会使开发方向偏离预定目标，导致各方面投入无谓的资源，并影响后续节点。

在职能型组织中，采用横向沟通可以确保沟通及时有效，实际工作中也是如此。比如还是第11.3.1节的例子，我需要职能部门的协助，如果每次都跟这个中心的负责人沟通，由他再找部门经理沟通，等到安排具体人员来协助我的时候就晚了，我会直接找到具体的办事人员，告诉他详细的工作安排，他只要问一问他的领导是否可行即可。这样简单高效，沟通成本极低。

其实，横向沟通不仅在与内部相关方沟通时效果良好，在面对外部相关方时同样效果很好。因为大多数甲方也是职能型组织，每次都寄希望于依靠相关方的领导来帮助传递信息或者获取帮助是很困难的，而且由于各种原因，高层领导不易见到，何况还要花较长时间当面沟通，在组织内部都做不到，更不用说在组织外部了。利用好横向沟通，找到可以对等沟通的关键人物，有助于我们传递清晰准确的信息，获取想要的资源。

面对面的沟通才是"高带宽沟通"，能够取得及时有效的效果。这也是由"敏捷宣言"十二原则中提出的：不论团队内外，传递信息效果最好、效率也最高的方式是面对面的交谈。

11.3.3 向上沟通，借力使力

《项目管理知识体系指南（PMBOK®指南）：第六版》和《PRINCE2®成功的项目管理方法论》中也提到上报，项目经理无法处理的、超出权力和影响范围的就要及时上报。但是，我们需要上报的仅仅是这些吗？实际上远远不够。除此之外，还需要将项目的绩效、进度、团队状态、困难、问题等及时上报给关键相关方、发

起人、高级管理层、职能和资源经理。

为什么要这么做呢？因为人是有控制感需求的动物，控制感的获得，不仅来源于对事件进程的显性干预，还来源于对事件的目力所及。

我们回想一下排队购买咖啡时的场景，沿着柜台横向排队，可以看到工作区内工作人员的所有工作细节。随着工作人员忙碌的身影，一杯又一杯咖啡被调制出来，意味着自己那杯也很快就到了，焦虑感随之降低。

再回想一下在快餐店排队时的场景，当你排在最后面的时候，你会焦急地望向柜台，心里不停地嘀咕：怎么这么慢？前面的人在干什么？所以，我们在完成项目的过程中，一定要记得时时汇报，不要总想着把任务全部完成之后，有了结果，再给领导一个惊喜。领导们不需要惊喜，而是需要对过程的控制。

所以，降低焦虑的方法是让对方看到过程，使所有的工作透明化，满足对方的控制欲，就要学会向上沟通。要想办法把项目变成和相关方高层共建的项目，而不是项目经理自己的项目，这样碰到问题就是高层的问题，可以借高层的力办项目的事。

及时有效的汇报，能让管理层了解项目的动态，并从更高层面为项目推进提供必要的支持和帮助。

11.3.4　以人为本，尊重他人

人有七情六欲，具有复杂性。要从项目经理、项目团队、内部相关方等角色中抽离出来，回归到"人"的立场，审视自己的所作所为是否违背了他人的意愿，从而保持客观的思考能力。

比如在第11.2节的例子中，项目经理小张就面临这种窘境。相关方管理工作一开始就没做好，自己出师无名，处处碰壁，最后彻

底放弃。当我接手这个烂摊子，重新明确项目授权，组建项目型团队，树立权威时，难道我就要变本加厉、矫枉过正吗？不是的。要保持开放的心态，尊重他们的个性和想法，信任他们的工作，珍视他们的付出，告诉团队成员，我们的目标是一致的，可以通过自身努力达成这个目标。

要考虑到每一个相关方的价值感受，尊重他们的人格和尊严、个人权利，以及利益诉求，只有这样，我们才能真正共情，了解他们的底层需求。项目经理也要展现出自身的专业性和良好的职业素养，不卑不亢，才能获得他们真正的认可、协助和支持。

我们仍然可以在敏捷方法中找到对应的点，"敏捷宣言"十二原则中有一条："激发个体的斗志，以他们为核心搭建项目。提供所需的环境和支援，辅以信任，从而达成目标。"这难道不体现了以人为本、尊重他人吗？

11.3.5 软技能，非正式沟通

软技能在此主要指人际关系，《项目管理知识体系指南（PMBOK® 指南）：第六版》提到："项目经理使用软技能（例如人际关系技能和人员管理技能）来平衡项目相关方之间相互冲突和竞争的目标，以达成共识。"这种情况下的共识是指即便相关方并非100%赞同，也会支持项目决定和行动，可见软技能的重要性。它不仅在解决冲突时有效，在沟通过程中，人际关系也发挥着巨大作用。因为良好的人际关系往往建立在良好沟通的基础之上，而良好的沟通反过来又促进人际关系的良性循环。

沟通分为正式和非正式，很多时候，正式沟通并不能帮助我们达成目的。非正式沟通则不同，午饭时间一起吃饭顺便聊聊项目进展，加班时来个内部讨论，一边吃零食一边畅谈，或许能获得更多

平时听不到的真实信息。非正式沟通，能够帮助我们奠定良好人际关系的基础。

建立良好人际关系的方法有很多，但是非正式沟通是一种非常有效的方式。它确实有助于项目经理建立人际关系，也能帮助我们处理好和内部相关方的沟通，从而帮助我们了解内部相关方。

无论是PMP还是PRINCE2，都多次提及非正式沟通、会议、访谈等。非正式沟通形式灵活、直接明了、速度快，省略许多烦琐的程序，容易及时了解到正式沟通难以提供的信息，最重要的是能够真实地反映情况，比如相关方的真实想法、态度和动机。

11.3.6 贴近业务，适应变化

经历过软件开发项目的人都知道，通常提出需求的一方和项目经理（或者开发团队）之间最大的矛盾点就在于对需求的认知和理解不一致，以及对于需求频繁变更的厌恶等，这也是传统"瀑布式开发"的最大问题。

瀑布式开发是指在项目前期就完成了需求分析，即确定了项目范围，然后按部就班地进行后续工作。然而，面对快速变化的市场和充满不确定性的世界，已经不存在适合瀑布式开发的环境了。人们的需求在快速变化，客户为满足用户需求的快速变化，会不断向我们提出变化的需求，这必然导致项目范围也快速变化，这是不争的事实，不管你是否承认。项目经理想让关键相关方满意，就一定要适应这种变化，要记住我们是为了帮助甲方满足需求从而创造价值，这样我们才有存在的价值。如果我们完成的项目并非甲方所需的，那我们的工作就毫无价值。

这就要求我们主动贴近业务。如果你是甲方的项目经理，要主动了解业务部门的业务，在项目决策初期就应该主动参与，在开发过程中尽早邀请业务部门的代表加入项目团队共同工作；如果你是乙方的项目经理，则应该更多地站在甲方的角度，思考如何通过这个项目帮助甲方创造价值，与甲方建立密切、互信的关系，共同开展项目。

正如"敏捷宣言"十二原则中所述："业务人员和开发人员必须相互合作，项目中的每一天都不例外。"只要在业务和研发之间架起桥梁，我们就能从中受益。业务人员和产品管理人员了解市场状况、客户需求和客户价值。开发团队则了解产品和技术的可行性。将这两方面相结合，不仅对于相关方的沟通和管理大有裨益，对我们实现项目成功也有极大的帮助。

"敏捷宣言"十二原则中还有一条："欣然面对需求变化，即使在开发后期也一样。为了客户的竞争优势，敏捷过程掌控变化。"我们的目标是开发能够帮助客户提升价值的产品，所以要支持任何变化。项目经理不能将变化视为消极的否定，因为变化才可能带来创造价值的机会。

如果项目经理具备一定的敏捷思维，那么在相关方沟通和管理中就会一帆风顺，因为你是在帮他们创造价值，没有人会拒绝这一点。

第 12 章

敏捷转型之路

敏捷这个话题，其实并不在本书的内容范围之内。但是，若谈及项目管理却不谈敏捷，就好像缺了点什么，因为每个人谈及项目管理，必然会提到敏捷。敏捷看似简单，要将其说清楚却并不容易，尤其敏捷是一种非常注重实践的方法，每个人、每个组织都有适合自身的最佳实践。在本章中，我将主要依据我的工作经历，为大家详细讲述我是如何借助敏捷，帮助一家传统软件公司历经痛苦而艰辛的过程，转型成为一家现代化IT公司的完整过程。

12.1　让业务部门不再随意提需求的方法

当时我入职的这家公司的主力产品销售处于停滞状态，致使公司整体业绩非常差，甚至可以说动摇了根基。在这种情况下，急需研发一款产品，这款产品肩负着为公司带来新的业务增长点的重要使命。

我入职的时候，这款新产品的初期版本已经开发完成，仅提供了基础功能，公司高层希望通过对这个产品的升级改造，将其从单一产品转变为更契合市场的平台型产品，从而更好地拓展市场。无论是公司面临的严峻形势，还是市场的急迫需求，都要求这个平台型产品尽快推出。既然我入职了，这件事自然就变成了亟待完成的任务。几天后，我发现公司存在诸多问题，而且这些问题已经严重影响到日常工作。比如，业务部门的人员可以直接安排开发人员的工作，随便一个对于产品知识完全不了解的市场人员过来，都能逼迫开发人员去完成一些非常奇葩的需求。

比如，系统中有微信小程序、公众号，只要微信关注了就会有消息推送，如推送预约成功、是否通过审核等信息，那么手机号就作为系统内一个非常重要的字段，要求相关人员无论如何都要有一个手机号，并且要对这个手机号进行验证，确保填写规范、正确。

有一个业务人员，他的客户是养老院的老人，想要使用这个系统，称老人没有手机号，要求这个填手机号的字段必须兼容固定电话号码。每一个地方的固定电话号码位数不一样，规则也不一样，无法兼容。如果兼容了，发短信的功能将无法使用，微信公众号关注也无法绑定，会影响整个系统基本流程的功能使用，打乱整个业务逻辑功能的流程。

但这个业务人员却说系统有问题,而且态度非常恶劣:"我不管你们产品怎么做,反正要满足我的需求。至于其他用户关我什么事,有问题也是你们技术差,必须先满足我的要求。"

从团队内部来看,开发人员对待业务部门的需求和要求基本上第一反应就是:改不了,这不是我的事,我不清楚。总之,非常抵触,能拖则拖,能推则推,往往是被逼无奈的时候才暂且应付一下。团队内部也缺乏交流,每个人只负责自己的部分,这个任务谁都不想接,工作氛围非常紧张和尴尬。

最后,开发人员做得多错得多,不但没人说好,反而总是"背黑锅"。业务人员为了尽快签单拿到提成,不管功能是否存在、能否开发完成,也不管客户的要求多么无理,一概答应,完全不与开发人员沟通。这就导致研发部门加班成为常态,加班也大多是处理这类需求,工作变得毫无价值,没有丝毫成就感,所以研发团队工作环境恶劣、人员流动快,以前的负责人、重要岗位人员都离职了,很多开发人员刚入职不久,离职率也很高。

面对这种情况,我该怎么做呢?是顺应市场要求,赶紧抓业务,加班加点不断迭代产品吗?当然不是,我选择从团队建设入手,先解决研发人员的问题,这样他们才能把精力放在产品开发上。如果一开始就狠抓业务,后续的职责划分同样会混乱,欲速则不达。

起初,我对公司整体情况和部门情况不熟悉,所以试着接受运营总监的建议,对部门采用比较传统的管理方式,比如利用公司负责人的授权、行政级别高、能力更优秀及工作经验更丰富等优势,寄希望于通过传统管理手段中的地位、奖惩权力、施加压力和硬技能等快速树立权威,从而能够顺利改造研发部门。结果我发现,这样做根本没用,感觉处处受掣肘,成员各种不配合,工作基本开展不了。我规定严了成员就跑光了，规定松了成员又变得松弛懈怠。我真是又急又恼，毕竟着急做出成绩，结果入职一两个月了，什么成效都没有，成员更不配合了，这简直是打脸啊！

我这才意识到，这些成员都是"90后""95后"，他们思想自由、追求平等、打破常规，不认可权威，但又期望被迅速读懂、认可和肯定，喜欢速成，希望快速看到结果。传统的管理方式已经不合时宜，要改变公司的状况并非换一个人就行，而是需要转变思维，导入一种新的价值观，引入一整套开发方法，而敏捷不正是天生契合"90后"想法的价值观和开发方法吗？当我向公司负责人汇报完情况并提出这个想法时，两人一拍即合，因为公司负责人也曾研究过敏捷，只是不够深入，由于种种原因并未正式实施。

既然跟公司负责人确定好了解决方案，我就开始行动了。首先，我明确了自己在团队敏捷转型中扮演的角色。我不仅是研发中心经理，更重要的是，我充当着敏捷专家（scrum master，简称SM）的角色，既是敏捷教练又是领导者。问题来了，首要的目标是什么？是为团队建立敏捷规范，给研发人员营造安全空间。

12.1.1 建立敏捷实践规范

我先按照scrum（一种敏捷开发框架）的规范并结合当前的实际情况，制定了"敏捷实践规范"，向大家详细说明了迭代计划会、迭代评审会、迭代回顾会、每日站会等组件的内容和形式，明确了开发人员、产品负责人（product owner，简称PO）、SM等角色的职责，也详细说明了scrum团队、迭代（冲刺）、自组织团队、scrum价值观等概念。我还会通过每日站会，持续灌输敏捷思想，以及承诺、专注、开放、尊重、勇气这五大价值观。在我的熏陶下，团队成员理解了敏捷的具体内涵，与之前传统的管理方式相比，这种方式的确更适合他们。

同时，我兼任PO，针对所有外来需求进行需求分析并建立需求全景图（史诗故事），将其拆分成用户故事并排列优先级；制定用户故事编写规范、用户故事价值流和建立用户故事看板。依托敏捷开发工具，让团队每位成员清楚自己的工作内容，能够直观地了解敏捷流程的运作方式，并切实按照敏捷流程开展工作。前面这些操作都比较容易施行，毕竟具体措施的主导者是我，耗费精力的是与团队成员沟通。

12.1.2　单独和成员沟通

我也会和他们进行一对一沟通，倾听他们在工作和个人职业发展方面的一些真实想法，并结合自身经验，给出一些诚恳且务实的建议，让他们感受到我的真诚和善意。同时，利用一切机会让他们感受到工作过程是在创造价值并获得成就感。此外，我也会不厌其烦地借助正式或非正式的机会，对他们进行敏捷思想、责任感、团队协作、沟通等方面的思想灌输和培训，并结合实际的例子加深他们对自组织团队的理解，激发工作积极性和热情。

一系列操作下来，我的行事风格也契合他们的价值观，不仅展现出自己的专业能力，还让他们感觉到我是真正站在他们的角度考虑问题。自然而然地，我获得了团队成员真心的认可、信赖和依靠，整个团队的凝聚力和向心力也大大增强。

12.1.3　统一安排成员工作

此时，我在团队中已经获得了最高话语权和领导权，于是我要求团队成员的所有工作全部由我统一安排。虽然公司负责人之前也是这么要求他们的，但是强制和自愿完全是两种不同的效果。我规定,任何部门的任何人,单独给你们安排的任何任务都要先经过我的同意。其实,业务部门随便提需求这一点也是他们最烦恼的,而通过我这样强硬的要求,本质上是替他们挡住许多麻烦和无聊的事情。毕竟研发人员都属于高知人群,按照麦格雷戈的Y理论,他们希望能做有价值的事情。

内部事务处理好了,我就可以腾出手来处理部门之间的问题。因为业务部门大部分不合理的要求被我挡回去了,无法像以前一样肆意提需求,市场部门的部分人员反应异常激烈,直接在公司公开大声抱怨。我们公司是开放式办公场地,声音大一点就能听到,虽然他们没有指名道姓,而是用研发部来代指我,但谁不知道他们这是想当众逼我放弃。甚至有人向运营总监及市场部负责人轮番告状。最后,运营总监、公司负责人都顶不住压力找我面谈,希望我能为了公司的稳定向其他部门妥协。当时有如下两个选择:

第一,我坚持这么做,短时间内可能会让大家误解,但是从中长期看,这对公司有好处。这也是公司负责人找我来的原因,负责人必须公开给予支持。

第二,我也像上一任研发经理一样,做个老好人,尽量满足市场部的要求,把"锅"推给开发人员,但这样做对公司没有好处。

负责人还是选择了长远考虑,专门召开了部门主管会议,召集所有部门的负责人,单独建立起了技术支持部门,负责研发和市场部门的中间协调工作,所有市场部门的需求和问题都需要先通过技术支持部门分析和审核,确认需要提交到研发中心的需求也由技术支持部门通过工单的形式提交。随着规范的实施,几个部门间的关系有所缓和。

这时候,我感觉作为敏捷教练,第一部分工作差不多告一段落了,团队培养了敏捷价值观和思维,对内建立了敏捷规范和流程,对外处理好部门关系，建立了相对安全的环境。对组织帮助建立好规范的机制，也保护了团队成员。

再来回顾整个过程，我作为新领导"空降"进入一个以市场为主导的传统型软件开发公司，面对业务部门的强势，常提出各种奇葩需求来"折腾"研发人员，出现问题还把"锅"甩给研发部门。面对研发人员工作环境恶劣的困境，我是如何站在 SM 的角度彰显敏捷精神来"破局"的呢？

（1）为了给团队成员营造安全的工作环境，我建立了"敏捷实践规范"。向团队成员灌输敏捷的价值观，让他们认识、了解敏捷。同时，通过各种正式或者非正式的培训，让他们对敏捷思想、责任感、团队协作、沟通等方面有更深的体会。

（2）从建设团队方面入手，单独和成员沟通。了解他们的真实想法，激发他们的工作积极性，让其感受到工作的价值、成就感，同时培养他们自身必须具备的条件。

（3）最重要的一步，要求团队成员的所有工作由我统一安排。不管哪个部门的人来提需求，都要按规范和流程来做。

这样一套操作下来，研发团队的面貌焕然一新。对内，团队成员有了敏捷价值观，也拥有了相对安全的工作环境，不再苦恼如何处理业务部门各类奇葩需求，能多做一些有价值的工作，跟以前那种"我不想做，我想逃跑"的态度有着天壤之别，大家都鼓足干劲，觉得终于可以做自己喜欢、有价值、有意义的工作；对外，业务部门强势主导的地位被打破，不会像之前一样，为了业绩满口答应客户的需求，然后来跟研发部门提要求。随着规范和流程的建立与实施，业务部门习惯了这样的流程，与研发部门关系也缓和了不少。

12.2 避免频繁返工

当团队建设工作告一段落，公司要为团队提供一个相对安全的环境。这样，我们就要有产出，交付一个高质量的产品。所以，当时我们引入了敏捷开发，形成定期迭代，每两周发布一定的产品增量，让客户或者业务部门有一个预期。问题也随之而来了，在产品最初的几次迭代中，交付的新功能非常少且零碎，经常会因为要修复一些紧急的缺陷而打乱节奏。并且由于之前遗留的一些历史问题，研发人员经常需要返工，偿还技术债及其带来的利息，这往往占用了他们大量的时间，还会将整个迭代计划完全打乱。

还有一个很重要的问题暴露出来，团队一直缺少测试人员，真的很难想象一个软件开发团队居然没有一位测试人员。团队里的每个开发人员互不沟通交流，闷声只做自己的工作，然后直接提交代码，不但提交的时候经常互相覆盖代码，很多时候做出来的东西和业务部门实际的需求大相径庭。所以，当时产品虽然定期迭代，但质量特别差。差到什么程度呢？很多代码都是硬代码，直接写"死"了。比如我给A客户的某个值写成"123"，当B客户的这个值变成"234"的时候就不行了，就要把代码重新拿出来改成"234"后，再重新发布一次。

还有最常见的就是功能的核心流程操作经常被打断，业务闭环无法打通。还有很多体验方面的问题，比如点击一些按钮没有反应，弹出一堆乱七八糟的字符等，甚至很多客户都在不停地吐槽我们的系统界面太难看了，杂乱无章，风格不统一。虽然质量问题不是由SM负责的，但我既然作为领导者，有能力也有义务解决频繁返工、交付质量低下的难题。我当时是怎么解决的呢？

12.2.1 提升质量意识

首先，从研发人员的思想入手，让他们充分认识到外部失败成本对组织、对团队所造成的严重后果。研发人员在开发阶段就要达到高质量水平。这涉及如何建立、提升开发人员的质量意识。我还引入了精益开发的一个核心概念——质量内建，要求软件生命周期之间中的各个角色都需要实时对软件的质量负责。也就是说，从产品经理开始，从产品到UI到开发再到测试，每个职能都要对产品负责，确保软件在交付到下一环节前已经有了基本的质量保证，这样才能减少因为质量问题导致的返工，避免浪费大量人力成本。

其次，灌输"我即团队，团队即我"的思想。之前面对产品的质量问题，尤其是被客户投诉、被业务人员嘲讽时，团队成员的第一反应就是"这个功能不是我开发的""跟我有什么关系，当时是领导叫我这么做的"。

有一次，这个产品的人脸识别功能出现故障，用户使用时一直提示错误。这只是小问题，很快就能修复好。但是为了避免以后出现类似的问题，我把团队成员聚在一起开会讨论为什么会出现这个问题，以后也要避免犯这种低级错误。但是大家都是一副"这个'锅'是某人的，你直接跟他说就行了，我不需要听你讲这些"的态度。我非常生气，从思想层面来说，要让研发团队的成员在工作中深刻贯彻"我即团队，团队即我"的思想。团队要为质量负责，也就是每一个人都要为质量负责，而不是说这个功能不是我开发的就不关我的事。

12.2.2 增加测试岗并配备人员

通过迭代计划会确保PO、开发人员和测试人员对用户故事和验收标准的认知一致，并且让测试人员提前介入测试，及早发现缺陷并及时修复,或者在合适的时候采用测试驱动开发(TDD)的方法,将缺陷扼杀在摇篮里。需要特别说明的是,TDD会增加大量的工作量,我们需要在合适的时机恰当使用。

随着大家质量意识的提升,我继续在产品的更新迭代中引入单元测试、集成测试和回归测试。我当时设想得很完美,单元测试、集成测试不但可以提升代码质量,还能提升开发人员的代码设计能力、质量主人翁意识,使开发阶段的交付质量有所提高。但我没料到,在一个没有测试文化的团队里引入这些测试,阻力会如此之大,团队成员都提出异议:

"单元测试仅仅是证明这些代码做了什么,我觉得太浪费时间了。"

"我是很棒的程序员,技术能力这么强,我是不是可以不进行单元测试?"

"后面的集成测试将会抓住所有的错误,单元测试的成本效率不高,我把测试都写了,那么测试人员做什么呢?"

"公司请我来是写代码,而不是写测试。测试代码的正确性,不是我的工作。"

....

对此,我只能不厌其烦地向大伙解释,单元测试虽然是所有测试中最底层的一类测试,是第一个环节,也是最重要的环节,并且是唯一一次有保证能够使代码覆盖率达到100%的测试。我拿出数据说明,之前产品大部分的错误是在软件设计阶段引入的,我们为了修正一个错误所需的费用,会随着产品生命周期的进展而上升。错误发现得越晚,修复它的费用就越高。

编码人员是唯一能够做到生产出无缺陷程序的人,其他人都无法做到这一点。最后我吓唬了他们:"如果你能百分之百确定在开发后期，不会因为错误过多而失控，你就可以不做，后果自己负责。"好在团队成员都明白我讲的有道理，也都认真执行了。

如果说单元测试、集成测试由开发人员来做，那么回归测试通常由团队一起完成。因为回归测试重复枯燥，通常都是借助一些工具自动完成。如果是带页面的项目，也会要求测试人员进行 UI 测试，以帮助团队提高回归测试的效率。

当然，我们也会设立持续集成（continuous integration，简称 CI）服务器，将上述测试定期运行，生成可视化报告，让所有团队成员看到，并且要求团队成员第一时间修复 CI 中出现的问题。

我们使用分布式版本控制系统（git）管理代码，并建立 git 的规范和分支策略，充分利用 git 的一些高级功能和规范流程来帮助我们提升代码质量，同时解决一些疑难杂症。我们也鼓励开发人员设计更好的部署架构和技术架构，以帮助团队做更好的决策。

12.2.3 代码回顾

除上述测试工作之外，还有一项我认为非常重要的工作，那就是代码回顾。对于代码回顾的重要性，想来也无需过多的说明，其好处几乎不存在争议。代码回顾既是质量的一道关卡，也是知识分享的一个良好途径。那么如何确保代码回顾本身的质量呢？

首先，在团队技术能力的不同阶段，要采用不同的代码回顾策略。比如，团队稳定，编码规范掌握比较好，且使用熟悉的语言时，代码回顾的重点可能就会放在业务逻辑方面；如果团队新成立，还处于磨合，可能就需要多关注编码规范；如果是团队新换了一门编程语言，那么语法本身或许也会成为代码回顾的重点。

其次，在公司业务发展的不同阶段，需要采用不同的回顾策略。比如，对公业务稳步推进时，代码回顾可能需要更加仔细严格，以保证质量和代码的可读性、可维护性。如果是在互联网行业，业务发展初期的快速试错阶段，那么代码回顾就需要领导去平衡回顾力度和业务交付的要求。

做到这些，代码回顾就万无一失了吗？当然不是。团队在刚开始代码回顾时也出现过问题。一开始进行代码回顾时，负责代码回顾的成员交付的成果很差。有一次，我终于忍不住指出他的问题，没想到他直接说："我的能力不够，做不了，你换人吧。"我没料到他如此排斥这项工作，于是立刻缓和态度，真诚地询问他遇到了什么困难，稳定他的情绪。他这才说平时工作量不小，现在进行代码回顾，很难挤出大量时间来做，而且还经常是一次性提交大量的代码回顾内容，很难抓住重点。

我没想到，我原本认为理所当然且操作简单的代码回顾，竟然给他带来这么大的困扰。作为领导，我首先控制了每次需要回顾的代码量，避免对大量、无意义的代码进行回顾的情况。同时，要求提交代码的人在代码提交说明（commit note）中写清楚提交代码的目的。比如，这个实现的是什么功能？做的是什么优化？修改的是什么错误？这样才方便负责代码回顾的人有的放矢，清楚代码改动的上下文。

解决了这个问题，你以为代码回顾就可以高枕无忧了吗？当然不是。我们团队还陷入了成员互相挑错的循环。例如，当时我们在回顾一个页面设置的代码时，有人指出小张的代码写得太啰唆，还犯了低级错误。小张不高兴了，说道："你居然当面这样说我，我不要面子吗？你等着，我现在就挑你的错处。"

这样的事情再多发生几次就会造成恶性循环，面对代码回顾，大家都会将内心封闭起来，抗拒那些针对自己的批评意见，团队氛围也会越来越紧张。一提到开展代码回顾，大家都情绪低落，特别排斥。最后，不仅代码回顾工作没做好，还严重影响了正常的开发工作。我意识到不能任由大家有这样的情绪，开始遏制挑错现象，改变使用代码评审、代码走查等"审、查、评"字眼，跟成员强调代码回顾的重点在于共同学习和建设性，而不是批评。让大家以开放的心态面对代码回顾，它不是设置障碍或者挑毛病，而是一个必不可少的质量保证过程，也是一个互相学习的过程，只是需要对编程规范达成共识，避免因为编程习惯产生不必要的异议。

还要提醒一点，一定要让成员养成代码回顾的习惯，使其成为工作的一部分。当然，要保证代码回顾者的时间，每个人在一个迭代中有自己承诺的任务，只有预留了代码回顾的时间，代码回顾才能作为一项日常任务得以执行。可以把代码回顾作为完成标准（DoD）的一部分。

这部分信息量较大，我们再简单回顾一遍。之前研发团队交付的新功能非常少且零碎，研发人员常常因为返工而占用大量时间，迭代节奏、迭代计划经常被打乱。而且产品质量常常遭到诟病，也成了业务部门攻击我们的重点。面对这些困局，可以分为以下三步进行：

（1）要求团队中的各个角色都要对软件质量实时负责，向他们传递"我即团队，团队即我"的思想，也就是提升大家的质量意识。

（2）引入单元测试、集成测试和回归测试，提升开发人员的代码设计能力，提升代码质量，使开发阶段的交付质量有所提高。

（3）开发人员要做好每日代码回顾，提高质量和团队整体效率。

这样操作下来，我不仅获得了团队内外的肯定，还获得了负责人的赞赏，展现了自己的敏捷领导力，用行动推动和促进了团队变革。为什么这么说呢？因为我通过行动提升了研发成员的质量意识，从而提高了开发阶段的质量水平，尤其在经历了几个迭代之后，效果非常明显。不仅减少了之前返工对迭代节奏的破坏，使迭代顺畅且有质量，产品的出错率也明显降低，让团队有更多精力投入到新功能开发中，还能帮助开发人员写出更好的代码，培养他们处理复杂和疑难问题的能力，大家也不再因为产品质量遭到诟病而相互推诿，而是想着如何一起处理缺陷，避免类似问题再次发生。

同时，这间接拓宽了团队的视野，让团队成员了解更多技术，学习如何利用新技术提高效率，甚至大家面对代码回顾这种枯燥又烦琐的工作时，也不会抗拒，能明白其重要作用。正因为研发团队对产品的控制度上升了，公司内外部成本明显降低，业务部门的抱怨减少了，关系也更加融洽，客户好评率也上升了。

12.3　让团队走出"舒适圈"

第12.2节讲述了如何通过提升研发成员的质量意识，提升开发阶段的质量水平，减少返工情况。其实，这也是最困难的阶段，因为我们需要关注成员质量意识和能力这两个方面，两手都要抓，这非常耗费时间和精力。

所以，最初我会亲自带领团队进行测试、重构级回顾、编写自动化测试小样（DEMO）、制定规范和总结最佳实践等工作。幸运的是，我们的努力没有白费，产品投入市场后迅速占领市场，取得了非常好的市场业绩。同时，团队成员的能力也得到了提升，对敏捷思想和价值观的认可度也有较大幅度的提高，迭代的整体执行也比较顺畅。但是，新的问题又出现了。

12.3.1　推动更高级的能力培养

当我开始引入一些高级敏捷实践指标时，比如测试覆盖率、燃尽图、累积流量图、缺陷循环时间、缺陷溢出等,我明显感觉到部分成员存在抵触心理。有一次,我听见成员在嘀咕:"我们之前一直按照传统瀑布式开发来做,也没见有多大问题,现在这么多指标,我都不知道该怎么做事了,之前多年的经验也用不上。"还有人说:"以前我们按照确定好的流程做产品多好。现在要做敏捷,无视了以前的流程和规定,我不想继续这样改变了。"

我能理解,这也是正常的反应,每个人对敏捷的认知程度不同,有理解当然也会有误解,况且一般人面对新的知识或者新的环境时会产生不安全感,进而会缩回自己的"舒适圈",甚至可能恢复到最早期的状态。

我发现这种情况的时候,没有生气,也没有气馁。我迅速将工作重点放回团队内部,继续巩固敏捷的价值观,重申敏捷的四宣言及十二原则,带领大家一起反复学习和体会敏捷的三大支柱:透明、检视和适应,以及"勇气、承诺、尊重、专注、开放"这五大价值观。结合我们进行敏捷转型以来的实际情况与转型之前的情况进行对比,将事实与理论相结合,让大家亲身感受到转型带来的好处。

同时,我强调并澄清设立这些敏捷指标是为了更好地帮助大家进行敏捷实践,更直观地了解迭代的工作情况,更好地解决遇到的问题,提高团队绩效,提高生产力和敏捷力。这些指标是针对团队的,而不是用于跟踪和面向个人的。

我继续引入一些更加深入的敏捷实践,比如在"团队即我,我即团队"的基础上引入代码共有。代码共有,其实就是"共享与进步",这同样是敏捷思想的体现,它意味着每个人编写的代码都属于团队,并且每个人都可以修改任何代码。代码共有能够增强团队对于代码的责任感。

一开始，在代码方面，成员们常常会遇到修改困难、重构困难，甚至出现重复代码等情况，成员们也会私下吐槽："技术债务又增加了，代码量实在太大了，这让我编写代码越来越困难，代码质量也被破坏得惨不忍睹。"我鼓励代码共有，在这样的氛围下，团队中的每个人都可以为项目的所有部分贡献新的想法，可以更改任意一行代码来增加新的功能、修复缺陷、改进设计或进行重构，没有人会成为变革的瓶颈。

在全员成为代码的负责人、实行代码共有制的环境里，成员互相监督、信息共享，没有上下级之分，也不存在权威。这样公平公开的环境，让团队回归最本质的工程师文化，使团队有了自组织团队的雏形。但这还远远不够，也是经历了组织干涉、工作散漫的困局，才慢慢建立起真正的自组织团队。

先来说说来自组织的干涉。公司要求产品组的每个人每天都要写日报，详细描述当天的工作情况、遇到什么难题，以及具体是怎么解决的。

有一次，某位高层领导看到某个团队成员在某项具体内容上没有按照他的想法进行操作，他就忍不住直接指挥团队成员该怎么做，直接进行干预。这明显违背了敏捷中"最好的架构、需求和设计出自自组织团队"这一原则，所以我们不能让这种情况出现，要委婉地让高层领导知道，"我们出于什么考虑选择了这样的解决方案，当然，您的方案也很好，但请先让我们试试自己的方法，实在撑不住了，我们一定会向您请教。"

因为自组织团队需要考虑团队的多样性、持久性和平衡性，这不仅是针对成员的性格方面，还需要考虑其专业和领域知识的深浅与掌握程度。一开始，我就走了误区，认为自组织就是成员随意组合就行，然后也放手让他们去做，结果整个团队变得特别散漫。有的成员说:"这部分工作我做起来很吃力,让某人做吧。"也有人觉得:"领导不会检查我的代码质量,随便弄弄就交差,应付过去就行了。"这样下去肯定是不行的,我及时出手果断换掉个别不适合自组织的成员,以确保每个人都是专业、可靠的,并且愿意为同一个交付目标努力。

12.3.2 以教练指导为主

随着工作的开展,我又在自组织团队的基础上引入全团队一专多能的理念。比如,开发人员前后端都可以编码,如此便解决了前端等后端、后端等前端的尴尬局面。鼓励团队里面的每一位成员在自己擅长的领域不断提升精进,成为一名专家,同时在其他方面也能为团队提供支持的T型人才。在这个阶段,我也改变了对团队的指导风格,以指导为主,不过多干涉团队成员。我对于团队的直接控制逐渐减少,更多是利用软技能激发和鼓励团队成员自学。

可能成员们一开始会不习惯,问道:"你怎么什么都不管了?这样放手,我们都不知道怎么做,我们很怕出错。"这时,不能因为成员一时的迷茫就心软,事事包办,而要用言行让他们明白,大家都成长了,有足够的实力独当一面,一定要有自信,放心大胆地去做。必要时,可以拿出之前的数据佐证,"看看,我们现在产品的报错是不是少很多?不需要经常返工了,这些都是大家的功劳,大家要相信自己的能力。当然,我们还要不断学习进步,有些问题今天解决不了,通过学习,明天就能解决。"同时,我也没有停止对敏捷和scrum思想和价值观的输出,让成员持续学习。

其实,团队在这时已经成为一个较为成熟的自组织团队,有了自我提升的意识,并且团队也逐渐建立起自我改进的习惯。那么,为了进一步提升团队敏捷力,同样遵循"客户合作高于合同谈判""业务人员和开发人员必须相互合作,项目中的每一天都不例外"等原则,我们的团队还必须贴近业务。

12.3.3 贴近业务

什么是贴近业务?当然不是无条件服从业务部门,否则前面的辛苦就白费了。

而是从团队可以更好地理解业务,同时为业务提供更有价值的建议这一目的出发,可以尝试让相关业务在决策早期就引入研发团队成员,让研发成员主动参与,讨论与技术相关的内容。在开发过程中,尽早邀请业务人员一起工作。一开始在实际接触中,开发人员看不惯业务人员的随意和感性,业务人员看不惯开发人员逻辑思维过于严谨、不肯将就,爆发了几次冲突,使得两个部门的紧张关系又加剧了。这一度让我头疼,不知如何是好。后来发现,其实就是双方的出发点不一致。开发人员从自己的工作量出发,业务人员从自己的提成角度出发,肯定会爆发不可调和的矛盾。

我作为整个敏捷转型团队的领导者,既不能偏袒开发部门,也不能迎合业务部门。既然双方角度不一致,那就将其调整一致。如果调整成从为客户创造价值的角度出发,从精益开发避免浪费的角度出发,就可以很好地解决这个问题。这样,研发团队也能少走弯路,做出客户想要的产品。随着工作的推进,迭代持续进行,研发团队的能力肉眼可见地变强了,研发部门也与业务部门建立起了信任与默契,从而为公司产出更好的产品,业绩也有了明显的提升。这个阶段的主要目标是培养成员的自我提升意识,提升团队的自我改善能力,并帮助团队建立自我改进的习惯,形成自组织团队。

那么,如何达成目标,让缺乏安全感的团队成员放下传统开发模式,走出"舒适圈",实现自我提升呢?主要有以下三个方面:

（1）推动更高级的能力培养。团队进入这一阶段，说明已经具备了支撑快速变化业务的基本能力，可以推动更高级的能力建设，比如引入微服务、代码共享、全团队一专多能等。

（2）领导以教练指导为主。在这个阶段，我作为领导者，坚决贯彻"少微观管理，多宏观管理"的管理理念，学会放手，通过软技能进行指导的情况会增多，让团队组织更多的分享活动，鼓励团队成员自学，并建立学习型文化。

（3）贴近业务。产品不能脱离业务，所以研发部门需要跟业务部门建立起密切联系、相互信任的关系，在业务决策早期就可以引入研发团队的成员，在开发过程中，也应该尽早邀请业务人员。

不知道你是否注意到，在整个团队敏捷转型过程中，我扮演的是一个仆人式领导的角色。一开始，成员身处恶劣的工作环境中，我带着同理心鼓励、支持他们，也主动帮助他们解决难题，这使我们双方都建立了深厚的信任感，成员也很信服我做出的所有决定。

这里要提醒一下，如果你充当敏捷教练这种角色，记住你必须是一名仆人式领导，这样才有利于团队转型，让团队变得高效。当团队走到这一步时，研发团队已经是一个成熟的自组织团队，有自我提升的意识，并且团队成员也愿意走出"舒适圈"，逐渐建立起自我改进的习惯，主动学习新技术、新知识。

你会发现，成员不会像以前一样从心底抵触敏捷、只愿待在"舒适圈"，而是遵循敏捷实践开展工作，实现全团队一专多能。另外，研发团队从要么无条件服从业务部门，要么敌视业务部门的态度转变过来，学会了如何有分寸地贴近业务，能够从研发角度出发更好地理解业务，还能给业务提供更有价值的建议，两个部门建立起了信任与默契，为公司产出更好的产品，也更好地提升了业绩，还为客户创造出了更大的价值。

如果你读完前面三个小节，相信你也能感觉到，团队的持续改进过程其实就是团队的敏捷转型之路。我所讲述的整个团队转型过程，其实就是作为一名新领导"空降"到一个传统研发团队后，通过发挥自己的敏捷领导力，在既不偏袒开发人员也不迎合业务人员的基础上，不但给开发人员营造安全的工作环境、培养他们的敏捷价值观，而且在质量提升方面也发挥了作用，减少迭代返工。

引导和教练团队中的人员逐步提升自身综合能力，从而促使思想发生改变。逐渐演变成团队所有人都能更好地判断什么是正确的事，如何正确地做事，进而走向持续改进的道路，建立起能够自己做持续改进的自组织团队。

这就圆满结束了吗？当然不是。没有人能告诉我们敏捷的终点在哪里。敏捷联盟及scrum联盟创始人之一迈克·科恩（Mike Cohn）曾经说过："你不是变敏捷了，而是变得更敏捷了。"敏捷或scrum没有任何终极状态，变得更精通Scrum或更敏捷是一个持续、永无止境的过程，追求的是日益精进。"我们终于实现了敏捷"这样的说法没有任何意义，所以团队的敏捷之路还需要继续坚持。

虽然我讲述的案例中采用的是敏捷方法，而且也获得了很好的成效，但这并不代表我的敏捷实践是唯一的解决途径，或者说你的团队的敏捷转型一定要照搬我的方式。每一个组织所处的环境不同，所开发的产品也千差万别。

变革之路注定充满荆棘。不要指望scrum过程不会出现问题。我敢肯定地说，到某个时候肯定会出现阻碍敏捷顺利实施的障碍。面对内部障碍，要依靠我们的自组织团队，充分信任他们能够自己解决问题。对于大多数组织而言，维持现状是一股强大的力量，为了抵制这种倾向，要坚定、耐心，在组织变革中充当中坚力量。

要明白这种抵触很正常。给他们讲讲敏捷的价值观、基本原则和想法，和他们共同工作，帮助他们走出困境。不要与他们对立，而是和他们一起扫除障碍，让团队、开发工作和组织从敏捷的实施中获取最大收益。

说了这么多，总结起来，其实我想表达的是：敏捷本身是由价值观、思维方式和最佳实践组成的，但这些本身并不能解决遇到的问题，解决问题的核心还是人，是一个贯彻敏捷价值观、用敏捷思想进行思考、充分贯彻敏捷最佳实践的自组织团队。

当我们使用敏捷时，不要担心事先是否能做到一次性到位。没人做得到！绝大多数团队在前几个迭代都不会做得很好。这没关系，我们只需要持续优化改进，建立起强有力的自组织团队，让scrum团队在下一个冲刺中比前一个冲刺做得好就行了。

参考文献

[1] 项目管理协会. 项目管理知识体系指南（PMBOK®指南）：第六版[M]. 电子工业出版社，2018.

[2] 布鲁克斯. 人月神话[M]. UMLChina翻译组，汪颖，译. 清华大学出版社，2015.

[3] RUBIN K S. Scrum精髓：敏捷转型指南[M]. 姜信宝，米全喜，左洪斌，译. 清华大学出版社，2014.

[4] 迪马可，李斯特. 人件：第2版[M]. UMLChina，译. 清华大学出版社，2003.

[5] 福勒. 重构：改善既有代码的设计[M]. 熊杰，译. 人民邮电出版社，2010.

[6] HULL M E C, JACKSON K, DICK A J J. 需求工程[M]. 韩柯，译. 清华大学出版社，2003.

读者意见反馈表

亲爱的读者：

感谢您对中国铁道出版社有限公司的支持，您的建议是我们不断改进工作的信息来源，您的需求是我们不断开拓创新的基础。为了更好地服务读者，出版更多的精品图书，希望您能在百忙之中抽出时间填写这份意见反馈表发给我们。随书纸制表格请在填好后剪下寄到：北京市西城区右安门西街8号中国铁道出版社大众出版中心 王宏 收（邮编：100054）。此外，读者也可以直接通过电子邮件把意见反馈给我们，E-mail地址是：17037112@qq.com。我们将选出意见中肯的热心读者，赠送本社的其他图书作为奖励。同时，我们将充分考虑您的意见和建议，并尽可能地给您满意的答复。谢谢！

所购书名：_____

个人资料：

姓名：_____ 性别：_____ 年龄：_____ 文化程度：_____
职业：_____ 电话：_____ E-mail：_____
通信地址：_____ 邮编：_____

您是如何得知本书的：
□书店宣传 □网络宣传 □展会促销 □出版社图书目录 □老师指定 □杂志、报纸等的介绍 □别人推荐
□其他（请指明）_____

您从何处得到本书的：
□书店 □邮购 □商场、超市等卖场 □图书销售的网站 □培训学校 □其他

影响您购买本书的因素（可多选）：
□内容实用 □价格合理 □装帧设计精美 □带多媒体教学光盘 □优惠促销 □书评广告 □出版社知名度
□作者名气 □工作、生活和学习的需要 □其他

您对本书封面设计的满意程度：
□很满意 □比较满意 □一般 □不满意 □改进建议

您对本书的总体满意程度：
从文字的角度 □很满意 □比较满意 □一般 □不满意
从技术的角度 □很满意 □比较满意 □一般 □不满意

您希望书中图的比例是多少：
□少量的图片辅以大量的文字 □图文比例相当 □大量的图片辅以少量的文字

您希望本书的定价是多少：

本书最令您满意的是：
1.
2.

您在使用本书时遇到哪些困难：
1.
2.

您希望本书在哪些方面进行改进：
1.
2.

您需要购买哪些方面的图书？对我社现有图书有什么好的建议？

您更喜欢阅读哪些类型的书籍（可多选）？
□入门类 □精通类 □综合类 □问答类 □图解类 □查询手册类 □实例教程类

您在学习的过程中有什么困难？

您的其他要求：